REITEN
OHNE GEBISS

UTE LEHMANN

REITEN
OHNE GEBISS
Die große Freiheit?

Haftungsausschluss

Autorin und Verlag haben den Inhalt dieses Buches mit großer Sorgfalt und nach bestem Wissen und Gewissen zusammengestellt. Für eventuelle Schäden an Mensch und Tier, die als Folge von Handlungen und/oder gefassten Beschlüssen aufgrund der gegebenen Informationen entstehen, kann dennoch keine Haftung übernommen werden.

Copyright © 2015 by Crystal Verlag, Wentorf
Gestaltung und Satz: Crystal Design, Wentorf
Titelfoto: Dagmar Heller
Fotos im Innenteil: Dagmar Heller, wenn nicht separat benannt
Zeichnungen im Innenteil: Susanne Retsch-Amschler
Lektorat: Alessandra Kreibaum
Druck: Westermann Druck Zwickau GmbH, Zwickau

Deutsche Nationalbibliothek – CIP-Einheitsaufnahme
Die Deutsche Nationalbibliothek verzeichnet diese Publikation in der Deutschen Nationalbiblio-grafie; detaillierte bibliografische Daten sind im Internet über http://dnb.ddb.de abrufbar.

Printed in Germany

ISBN: 978-3-95847-005-7

INHALT

Vorwort

Mit diesem Buch möchte ich gern alle Pferdefreunde unterstützen, die in ihrem Trainingsbereich nach neuen Möglichkeiten suchen.

Zu der Frage, ob mit oder ohne Gebiss geritten werden soll oder kann, gibt es einen großen Diskussionsbedarf, und ich möchte hier auf sachlicher Ebene zu dieser Diskussion beitragen. Mir ist es dabei ein besonderes Anliegen, Möglichkeiten anzubieten und Alternativen aufzuzeigen. Denn häufig ist ein Grund für die Unzufriedenheit der Mangel an Alternativen.

Ich glaube nicht, dass es uns dient, die „anderen" zu beschimpfen und uns selbst auf die Schulter zu klopfen. Zu viel (Selbst-)Bestätigung kann mitunter auch zu einer Stagnation führen, einem Sich-nicht-Weiterentwickeln. Nur mit Verständnis gegenüber den Einsichten und Überzeugungen anderer können wir alle Alternativen sehen und uns verändern, wenn wir dafür bereit sind. Den anderen erleichtert diese Haltung, sich nicht ständig schützen oder Widerstand leisten zu müssen.

Viele Alternativen in unserer Trainings- und Kommunikationswerkzeugkiste zu sammeln ist sehr wichtig. Denn:

Wer als Werkzeug nur einen Hammer hat, für den sieht jedes Problem wie ein Nagel aus.

Abraham Harold Maslow (1908–1970)

Eines der Probleme in der Diskussion über das Reiten mit oder ohne Gebiss ist die sogenannte falsche Dichotomie. Dabei wird eine Entscheidung zwischen zwei Möglichkeiten als Notwendigkeit dargestellt, obwohl weitere Entscheidungsmöglichkeiten existieren. Ein paar kleine Beispiele dafür:

Person A zu Person B: „Dir gefällt es nicht, dass ich meine Pferde in der Box halte? Dann findest du es wohl in Ordnung, wenn Pferde auf sumpfigen Koppeln bis zum Bauch im Matsch stehen und dort, im kalten Wind frierend, verhungern müssen?" Person C zu Person D: „Du findest es nicht richtig, dass ich mein Pferd mit Gebiss reite? Dann bist du wohl eine von diesen Hippiereiterinnen, die mit ihren Pferden nur gebisslos herumjuxen und sie damit kaputtreiten?"

Person E zu Person F: „Du magst meine gebisslose Zäumung nicht und reitest mit Gebiss? Dann zerrst du wohl die ganze Zeit deinem Pferd im Maul sägend den Kopf hinter die Senkrechte, sodass das Pferd weder atmen noch sehen kann?"

Diese unangemessenen Reaktionen zeugen von wenig hinterfragtem Wissen und hinterlassen den Betroffenen perplex. Es wird in diesem Fall kein Weg zur Verständigung gebahnt und der Graben zwischen den Fronten wird tiefer. Hintergrundwissen und Fakten sind nicht die einzigen Kriterien – wir können aber keine sachlichen Diskussionen führen, wenn wir keine fundierten Informationen haben.

Die Informationen und das fachliche Hintergrundwissen, das ich in diesem Buch mit den Lesern teilen möchte, basieren sowohl auf unzähligen individuellen Erfahrungen mit Pferden und deren Menschen als auch auf zahlreichen Kursen und Fortbildungen in allen Bereichen der Haltung und des Trainings von Pferden.

Im Lauf der letzten 20 Jahre, in meiner Tätigkeit als Vollzeittrainerin und Instrukteurin, habe ich jeden Tag etwas Neues gelernt. Einen kleinen Teil davon möchte ich hier wiedergeben.

Mit Respekt   Ute Lehmann

Der Schlüssel zu jeder Form von Ausbildung liegt im Respekt vor dem Schüler. Dies gilt sowohl für zwei- als auch für vierbeinige Schüler.

Ralph Waldo Emerson

Die grosse Freiheit

Für viele Reiter symbolisiert das Reiten ohne Gebiss mehr Freiheit – ein Loslassen von Kontrolle und Zwang. Die Traumvorstellung von einem entspannten Galopp über Wiesen und Felder oder am Strand entlang am losen Zügel beinhaltet oft auch das Idealbild, mit so wenig Ausrüstung wie möglich reiten zu können – vielleicht ganz ohne Sattel und Zaumzeug, auf jeden Fall ohne Gebiss.

 https://www.youtube.com /watch?v=9TmValzoJwl

Gebisslos reiten macht Spaß und ist eine schöne Alternative für die meisten Pferde. Abwechslung im Training kann Pferd und Reiter mit neuen Herausforderungen wieder frische Energie geben. Oft erlebe ich, dass ein Wechsel der Ausrüstung das Pferd motiviert, wieder genauer hinzuhören, und den Reiter ermutigt, neue Wege auszuprobieren.

Schon lange hat auch mich diese Form des Reitens fasziniert. In besonderer Erinnerung steht ein Bild, das ich 1984 in einer Zeitschrift fand: Peter Kreinberg auf Indian Chief's Smoke, einem seiner wunderbaren Araber-Pintos in wunderschöner Aufrichtung und Versammlung in einer kalifornischen Hackamore mit einer Mecate aus Pferdehaaren. Dieses Bild habe ich nie vergessen – es hing, aus einer Zeitschrift ausgeschnitten, jahrelang an meiner damaligen Teenager-Pinnwand.

Irish Cob Saphir mit Kim im See.

11

Aus Tradition

In vielen Arbeitsreitweisen werden die Pferde während der traditionellen Ausbildung teilweise gebisslos geritten. Vermutlich stammt dieses Wissen von wertvollen Erfahrungen: Man nutzt die Zäumungen, die in der Ausbildung am besten funktionieren. Das Gespür für das Pferd war sicherlich nicht bei allen traditionellen Trainern gleich gut ausgeprägt. Dennoch hat sich eine sinnvolle Tradition im Hinblick auf die gewählte Ausrüstung im Ausbildungsverlauf herausgebildet.

Interessant ist beispielsweise in der Vaquero-Tradition, dass hier die Zeit des Zahnwechsels berücksichtigt wird und die Pferde oft erst mit dreieinhalb Jahren angeritten werden. Gestartet wird mit einfachem Snaffle oder mit Wassertrense. Erst ein Jahr später, mit circa viereinhalb Jahren, wird auf die klassische Hackamore (Bosal plus Mecate) umgestellt – also erst, wenn die drei vorderen Backenzähne gewechselt sind (siehe Abschnitt „Zähne", Seite 30 f.). Danach wird mithilfe des Bosals wieder zum Gebiss umgestellt – zur Kandare, die als Krönung am Schluss einhändig und am losen Zügel das Pferd formt.

Viele Westernreiter reiten junge Pferde mit Sidepull oder Bosal (siehe Seite 42 f.). Sie können ihre jungen Pferde (bis fünfjährig) auch auf dem Turnier im Bosal vorstellen.

Die traditionelle Ausbildung in Spanien beginnt mit der Serreta (siehe Seite 42) auf der Pferdenase – später dann in Kombination mit einer Kandare und zuletzt auf blanker Kandare. In Frankreich übernimmt das Caveçon eine ähnliche Aufgabe. Hier sieht man oft die Guardians, die Hirten der Camargue, mit Kandare und Caveçon reiten: Manchmal sind die Pferde mit einem stehenden Martingal am Caveçon ausgebunden, um zu verhindern, dass das Pferd bei schnellen Wendungen und hartem Zügelanzug den Kopf hochreißt.

Innerhalb der Rasse der Peruanischen Pasos und vieler anderer Gangpferde werden die Pferde erst mit vier Jahren gebisslos mit dem peruanischen oder kolumbianischen Bosal eingeritten. Die Bosalphase dauert circa ein Jahr, und danach wird umgestellt auf Kandare – erst mit vier Zügeln, zuletzt ohne Bosal.

Das neue
Wissen

Viele moderne Trainer verwenden gebisslose Zäumungen in bestimmten Phasen der Ausbildung des jungen Pferdes. Und auch in den traditionellen Ställen ist das Longieren mit Kappzaum üblich. Teilweise wird der Kappzaum beim ersten Gewöhnen an das Reitergewicht eingesetzt.

Heute haben wir Zugang zu einem enormen Wissen um die vielen Vorgänge im Körper des Pferdes. Wir können röntgen, mit Ultraschall diagnostizieren, sezieren und obduzieren. Wir präparieren ganze Skelette, prüfen und überwachen Organfunktionen, definieren und studieren Epiphysenfugen und stellen erstaunt fest, dass die weichen Knorpel in der Wirbelsäule des Pferdes doch erst im Alter von fünf bis sechs Jahren vollständig stabil verknöchert sind. Basierend auf diesen Untersuchungen wird es zum Beispiel heutzutage manchen Pferden zugestanden, erst körperlich fertig zu reifen, bevor sie ein Reitergewicht tragen müssen.

Aufgrund der vielen negativen Episoden der letzten Zeit – vom Missbrauch der traditionellen Ausrüstung bis hin zu grotesken Bildern von Pferden mit aus Sauerstoffmangel blau angelaufenen Zungen oder blutenden Mundwinkeln – gibt es einen weltweiten Boom hin zum gebisslosen Reiten. Viele Pferdebesitzer möchten sich gern, verständlicherweise, deutlich von jenen Schreckensszenarien distanzieren.

Auf vielen Ebenen wird dafür gekämpft, eine Zulassung für gebisslose Zäumungen auf nationalen und internationalen Turnieren durchzusetzen. In den Niederlanden ist dies seit April 2014 bereits erlaubt – hoffentlich folgen andere Länder bald diesem guten Beispiel!

Die Ablehnung dieser Zulassung durch die FEI ergibt keinen Sinn, haben doch einige sehr angesehene Dressur- und Springreiter schon gezeigt, dass es auch ohne Gebiss geht. Beispielsweise zeigen die französische Grand-Prix-Reiterin Alizée Froment auf dem Lusitanohengst Mistral du Coussoul und natürlich die deutsche Grand-Prix-Reiterin Uta Gräf mit ihrem Holsteiner Hengst Le Noir fantastische Präsentationen fehlerfreier Grand-Prix-Lektionen – ohne Gebiss.

Die wissenschaftlichen Studien von Andrew McLean (*PhD Equine cognition and learning*) zeigen, dass die Lernfähigkeit des Pferdes fällt, je höher sein Stressniveau ist. McLean beschreibt in vielen Studien und publizierten Artikeln, wie wichtig es ist, dass das Training stetig auf eine leichtere Hilfengebung hinzielt, um das Pferd zur Mitarbeit anzuregen und dafür zu belohnen.

Das neue Wissen kann so einen sinnvollen, pferdegerechten Zugang fördern – wenn wir es nutzen. Es ist von großer Bedeutung, dass wir mit Herz und Gefühl an die Sache herangehen – ohne die wissenschaftlichen Fakten aus den Augen zu verlieren. Für alle Pferdebesitzer, die ihre Freizeit harmonisch mit ihrem Pferd zusammen verbringen möchten, ist es wichtig, beständig Informationen einzuholen und bestehende Traditionen zu hinterfragen.

Das Für
und Wider

Möglichkeiten schaffen

Meine Pferde gehen alle gebisslos in allen Gangarten auf dem Platz, im Wald und am Strand –
manche auch ganz ohne Zäumung oder mit
Halsring. Oft reite ich mit Schnurhalfter am losen Zügel – oder mit Kappzaum oder Cavamore, wenn ich Stellungs- und Biegungsarbeit machen möchte.

Alle meine Pferde können aber auch mit Gebiss geritten werden. Ich benutze jedoch konsequent keinen Nasenriemen in Kombination mit
einem Gebiss, da mir damit unter anderem der
Vorteil verloren ginge, dem Pferd volle Bewegungsfreiheit im Kiefergelenk zu ermöglichen.
Eine Ausnahme ist die Ausbildungsphase, in der
ich von Gebiss auf gebisslos (oder umgekehrt)
umstelle, da ich hier ein Halfter oder einen Kappzaum zusammen mit dem Gebiss gebrauche.

Der Start mit einer gebisslosen Zäumung
macht dem Pferd das Leben viel leichter – ken-
nen doch alle Pferde die Signale des Stallhalfters.
Eine Zäumung, die ähnliche Signale gibt wie das
Halfter, ist daher ein wertvolles Werkzeug für das

Galopp mit Handpferd.

Einreiten von jungen Pferden. Diese müssen an-
fangs sehr viele Eindrücke verarbeiten. Daher ist
es sinnvoll, das Gewöhnen an ein Gebiss nicht in
der gleichen Trainingsperiode anzugehen.

Eine Bereicherung

Es ist toll, einen entspannten Ausritt – vielleicht
mit Handpferd – zu machen, bei dem beide Pferde am Halfter laufen. Wir können Pause machen
und die Pferde können Gras fressen, unterwegs
ein paar wilde Hagebutten von den Sträuchern
am Wegrand zupfen oder ein paar kleine Birken-
zweige abbeißen. Auch das Trinken am See ist
einfacher ohne Gebiss im Maul.

Die Pferde laufen am losen Zügel, in freier
Kopf- und Halshaltung, und das Herz geht mir
auf, wenn ich auf der langen abgemähten Wald-
wiese die Zügel von beiden Pferden vor mir auf
den Sattel legen kann und beide weiter im ruhigen Galopp nebeneinanderher laufen.

Zur Abwechslung im Training und natürlich auch, falls physisch bedingt ein Reiten mit
Gebiss nicht infrage kommt (bei Zungen- oder
Kieferverletzungen zum Beispiel), ist das gebisslose Reiten eine tolle Alternative. Ich denke,
dass man ein Pferd durchaus sein Leben lang
gesund gebisslos reiten kann, wenn man das
möchte. Das setzt voraus, dass der Reiter mit
viel Gefühl und Erfahrung und unter fachkun-
diger Anleitung eines erfahrenen Reitlehrers das
Pferd in einer korrekten entspannten Haltung
reiten kann. Das ist natürlich genauso der Fall
beim Reiten mit Gebiss. Es gibt nur leider noch
nicht so viele Reitlehrer, die den Schülern fach-
kundige Hilfestellung beim gebisslosen Reiten
geben können.

17

Über den Tellerrand geschaut

Dem Pferd zuliebe ist es wichtig, dass wir uns offen und neugierig umsehen. Wir sollten anderen erzählen, wie und warum wir unsere Pferde reiten und ausbilden, ohne dass es darum geht, wer „recht hat". Man muss nicht die anderen davon überzeugen, dass die eigene Reitweise die bessere ist. Es geht darum zu erklären, welche Besonderheiten die eigene Reitweise hat und warum sie diese hat. Und es geht auch darum, Gemeinsamkeiten zu entdecken und Mut zu machen, einmal etwas Neues auszuprobieren.

Was bedeutet „pferdefreundlich"?

„Pferdefreundliche Ausrüstung" wird vielerorts angepriesen, und es scheint mir, dass dieser Trend eine Schattenseite haben könnte. Bei der Recherche für dieses Buch bin ich auf eine Unzahl von Produkten gestoßen, die mit Beschreibungen wie „Dein Pferd wird es dir danken" oder „Die softe Alternative" Käufer anlocken wollen – und es auch tun. Wir können Zäumungen mit den Namen „Anemone", „Lilie" und „Jasmin" erwerben und sogar eine „gebisslose, zwanglose Sidepull-Zäumung" – was ist wohl eine zwanglose Zäumung? Eine ohne Krawatte?

Doch „wenn der gewünschte Effekt nicht erreicht wird", kann man Hebelarme zum Anschrauben zukaufen. Man geht also davon aus, dass das Pferd einfach nur mehr Druck (nicht etwa mehr Training) braucht, um (gefälligst) zu reagieren.

Die Beschreibung „konsequent gewaltfrei" wird gleichgesetzt mit dem bloßen Einkauf oder der Anwendung eines Kopfstücks – als ob man mit diesem Teil nicht auch Gewalt ausüben

Ute auf Saphir: mit Halsriemen und Pfeil und Bogen.

könnte. Ein anderer Hersteller verspricht, dass sein Produkt „Unbehagen durch sanften Druck ersetzt, ohne dass der Reiter die Führung verliert". Ich muss also nur eines dieser Wundergeräte kaufen, und schon bin ich soft, sanft und „zwanglos" unterwegs und habe obendrein auch noch die Führung übernommen?

Die psychologischen Auswirkungen einer solchen Anschaffung können jedoch leider negative Folgen für das Pferd haben. Beispielsweise zeigen Untersuchungen, dass wir eher bereit sind, einer momentanen Laune nachzugeben, wenn wir zuvor etwas „Gutes" getan haben (Kelly McGonigal, *The Willpower Instinct*). Das könnte zum Beispiel bedeuten, dass unser Entschluss, beständig an unserer Zügelführung zu arbeiten, dem Pferd mehr Zeit zu geben und geduldiger zu werden, dadurch beeinträchtigt wird, dass wir gerade eine „softe" Zäumung für viel Geld gekauft haben.

Darüber hinaus sehe ich leider häufiger Reiter, die frustriert und kräftig am Zügel ziehen, weil das Pferd jetzt mit dieser super pferdefreundlichen gebisslosen Trense geht und wenigstens ein bisschen dankbar sein sollte – das stand doch auch auf dem Beipackzettel?

Also – was ist pferdefreundlich? Pferdefreundlich und sanft kann man nicht kaufen, man muss es erarbeiten und erspüren. Das Gespür für das Wesen jedes einzelnen Pferdes, seine Vorlieben

ZUM AUSPROBIEREN: Am eigenen Körper erleben!

Oft werden Zügel weich und bequem gemacht, damit dem Reiter die Hände nicht wehtun. Was wäre, wenn wir dem Reiter einmal Heuschnüre (die schönen alten, dünnen, aus Hanf) in die Hand geben würden, die rechts und links an einem Stallhalfter befestigt wären? Oder wenigstens an der Zäumung, mit der der Reiter gerade reitet?

Noch eindrücklicher wäre es, die Einwirkung auf den Nasenrücken selbst zu erleben, sind doch unsere Hände weniger empfindlich und weitaus besser gepolstert als das dünnhäutige Nasenbein. Als Test können wir einmal einen Bleistift oder Kugelschreiber quer über unsere Nase legen und dann mit den Zeigefingern rechts und links an den Enden des Stifts diesen gegen das Nasenbein drücken. Der Effekt wird uns überraschen!

Um die Auswirkungen des Hebels zu spüren, kann man das stumpfe Ende des Bleistifts an der einen Wange fixieren und dann vorsichtig auf das andere Ende drücken. Einige werden jetzt argumentieren, schließlich nicht mit einer Stange auf der Nase des Pferdes zu reiten. Nein, natürlich nicht. Wählen wir also statt des Bleistifts eine flexible Variante. Im ungefähren Größenverhältnis könnte das etwa ein Verbindungskabel sein – zum Beispiel von einem Ladegerät. Dazu legen wir das Kabel oder die Schnur (bitte ohne dass das andere Ende in der Steckdose ist) über unseren Nasenrücken und drücken an beiden Seiten langsam immer kräftiger nach hinten. Dann ziehen wir ein paarmal ruckartig. Wie verändert sich das Gefühl mit einem doppelt oder vierfach gelegten Kabel? Diese Erfahrung sollten wir beim nächsten Mal mit zu unserem Pferd nehmen!

und Passionen, wird den verständigen Reiter die passende Zäumung finden lassen – eventuell mithilfe des Trainers. Kein seriöser Ausbilder, egal welcher Reitweise, würde einem Jungpferd eine Kandare ins Maul hängen, weil er es mit Trense nicht anhalten kann.

Der Trend im Freizeitbereich, der scharfe gebisslose Hebelzäumungen in unkundige Anfängerhände geraten lässt, sollte daher mit Sorge betrachtet werden. Wir sollten auch einmal darüber nachdenken, warum es üblich ist, sowohl Gebisse als auch gebisslose Zäumungen dünner oder härter oder beides zu machen als die Zügel. Und warum der Reiter dann immer noch in manchen Fällen die Hände mit Handschuhen schützen muss.

> Hab also Acht, Reiter, auf dich selbst.
> Ist dein Pferd stur, heftig, ungehorsam,
> so dürften wir frech die Behauptung
> aufstellen, dir fehle es an liebenswürdigem
> Charakter und richtiger Methode.
>
> *François Baucher (1796–1873)*

Was wählt das Pferd?

Warum sollten wir überhaupt mit Gebiss reiten, wenn es doch auch ohne geht? Das ist eine wichtige Frage. Wenn wir verstehen, dass die Voraussetzung für gutes Training die innere Einstellung zum Pferd ist, gepaart mit gut ausgeprägtem Gefühl und gut entwickeltem Timing für die Signale, dann machen wir uns ein bisschen unabhängiger von den äußeren Elementen und Werkzeugen.

Ich möchte meinen Pferden eine so vielseitige Ausbildung wie möglich bieten können und

reite daher manchmal mit Gebiss. Meine Pferde senken den Kopf und öffnen das Maul, wenn ich das Gebiss hinhalte. Die Voraussetzung dafür ist, dass man keine Angst vor dem Gebiss entstehen lässt und mit konsequent weicher, freundlicher Zügelführung arbeitet.

Meine Erfahrung ist, dass viele Pferde sich sehr gut und entspannt mit einer einfachen Trense ohne Reithalfter bewegen, solange sie in korrekter Haltung und mit dem Nasenrücken vor der Senkrechten geritten werden. Die Bewegung des Kiefergelenks wird in keiner Weise eingeschränkt. Am losen Zügel bewegen sich unsere Pferde, je nach Gebäude, Talent, natürlicher Balance und Ausbildungsstand, mehr oder weniger biomechanisch korrekt. Um das Pferd optimal unterstützen zu können, ist es hilfreich herauszufinden, womit das individuelle Tier am besten zurechtkommt. Das kann – muss aber nicht – gebisslos sein.

Ich kenne Pferde, die am entspanntesten mit Gebiss gehen, und Pferde, die das Gebiss überhaupt nicht mögen. Der mutige Reiter geht deshalb nicht nach dem Trend und fragt nicht seine Clique, welche Zäumung passend oder politisch korrekt wäre, sondern sein eigenes Pferd. Es ist jedoch nicht leicht, in einem traditionellen Stall gebisslos zu reiten und dadurch vielleicht als „Hippie" angesehen zu werden – es ist aber richtig und mutig, wenn das Pferd so am glücklichsten ist.

Ich kenne eine Pferdebesitzerin, die gebeten wurde, den Stall zu wechseln, da sie ihr Pferd gebisslos am losen Zügel ruhig und kontrolliert in der Reithalle des Anwesens ritt. Ihr wurde das Ultimatum gestellt, entweder „richtig" mit Gebiss und Nasenriemen zu reiten oder umzuziehen. Sie wählte zum Vorteil ihres Pferdes einen neuen Stall.

Umgekehrt kann es auch schwer sein, in der gebisslosen Gruppe plötzlich mit Gebiss reiten zu wollen und mit sorgenvollen oder verständnislosen Blicken bedacht zu werden oder sich im schlimmsten Fall, als Tierquäler abgestempelt, allein mit seinem Pferd im Wald wiederzufinden – weil die anderen mit „so einem" nicht reiten wollen.

Mein Tipp: Frage dein Pferd und gehe nicht nach der Mode, die sowieso beide Richtungen propagiert. Was wählt das Pferd? Womit geht dein vierbeiniger Freund am zufriedensten?

Achtung – Fallgrube!

Wenn Reiter erleben, dass ihr Pferd besonders „gut" – das bedeutet schnell und leicht – auf ein Signal reagiert, glauben manche, dass das Pferd die Zäumung mag, da sich das Reiten „leichter" anfühlt. Es ist dann wichtig, sich die Sache objektiv vom Boden aus anzusehen und den Ausdruck des Pferdes und die Positionierung von Kopf und Hals in den Übungen miteinzubeziehen. Dies tun wir dem Pferd zuliebe, damit wir nicht, geblendet von dem guten Respons, übersehen, dass das Pferd vielleicht einem harten, unangenehmen Druck ausweicht und daher weniger Kontakt mit dem Zügel sucht.

Ich habe oft Reiter sagen hören, das Pferd gehe so gut mit dem neuen Gebiss. Manchmal ist das der Neuheitswert, weil sich das Signal einfach anders anfühlt und daher Aufmerksamkeit erregt. Manchmal ist es auch ein dünneres oder unflexibleres Gebiss, das mehr Druck ausübt, oder ein anderes Material, das Aufmerksamkeit auslöst.

Hündin Bonita, Dion und Ute.

Missverständnisse und Fakten

Der Fressreflex

Dass Pferde alles, was sie in den Mund nehmen, aus Reflex als Futter klassifizieren, bezweifle ich ein wenig. Mehrere unserer Pferde tragen Sachen durch die Gegend, spielen mit Leder oder Stoff, sammeln Gerten und Handschuhe auf oder kauen und zupfen am Zaundraht, wenn dieser aus Versehen mal keinen Strom führt. Die Herde steht das ganze Jahr über im Offenstall zusammen: fünf Pferde auf sechs Hektar Wiese und Spielfläche – mit unbegrenztem Zugang zu Heu und Zweigen.

Dass eines dieser Pferde zum Beispiel einen Strick aufsammelt, komplett durchkaut und wieder ausspuckt, ist meiner Meinung nach kein Versehen. Das Pferd denkt nicht, dass dies etwas Essbares wäre: Es macht das aus Spaß und aus Neugierde. Pferde haben einen fantastisch ausgeprägten Geruchssinn und ein feines Gespür in den Maulhaaren. Sie sind durchaus in der Lage, Nahrung, die gegessen wird (Speichelproduktion), von Spielzeug, das eben nur gründlich untersucht oder herumgetragen wird, zu unterscheiden. Zwei unserer Pferde spielen oft mit Stöcken, die sie aufsammeln und herumschleudern, und manchmal zieht sogar ein Pferd an jedem Ende des Stocks.

Wir haben auch eine alte Boje als Spielzeug auf der Koppel, die plötzlich eines Abends großes Interesse hervorrief, als eines der Pferde sich eine kleine Show für die anderen ausdachte: So sah es auf jeden Fall von Weitem aus. In Wirklichkeit hat es ihm wohl einfach Spaß bereitet.

Woodstock, der 15-jährige Norweger-Araber, trabte auf einmal mit der Boje im Maul in Zirkeln herum, schleuderte sie weg mit einem Kopfnicken, trabte hinterher, um sie wieder aufzusam-
meln, und fing wieder von vorn an. Die anderen vier Wallache standen alle in einer Gruppe zusammen und sahen zu. Diese Beobachtungen zeigen, dass Pferde ihr Maul auch für andere Dinge benutzen als nur zur Nahrungsaufnahme.

 http://youtu.be/lu5NG50p3yo

Der Kontrollverlust

Ein anderer Mythos ist, dass das Pferd schwerer zu kontrollieren sei ohne Gebiss. Das kommt nach meiner Erfahrung nur auf die Grundausbildung und Routine an – von Pferd und Reiter. Ich habe oft das Gegenteil erlebt, da viele Pferde das Gebiss mit unangenehmen oder gar unkontrollierten, stressigen Situationen verbinden und daher instinktiv versuchen wegzulaufen. Entfernt man das Gebiss, kann man sozusagen wieder neu anfangen, positive Erlebnisse mit dem Training, dem Reiter und dem Zügelsignal zu verbinden.

Wenn eine weiche Zäumung nicht funktioniert, gebrauche eine schärfere

Fast alle Listen von gebisslosen Zäumungen basieren interessanterweise auf dieser Einstellung. Im guten Glauben, etwas Weiches und Freundliches anzuschaffen, stutzen anscheinend viele Pferdefreunde nicht über die scheinheiligen Anweisungen der Hersteller, die „für unempfindliche Pferde" oder „bei Ausbleiben des gewünschten Effekts" die schärferen Maßnahmen (Knoten, Noppen, Hebel etc.) vorgesehen haben und das auch so empfehlen. Dies sollte genauso viel Empörung auslösen wie die Idee, dass ein Pferd, das der Reiter auf einfache Trense nicht anhalten kann, eine Kandare ins Maul gehängt bekommt. Denn die Einstellung dem Pferd gegenüber ist die gleiche.

Wenn das Pferd auf eine weiche Zäumung nicht reagiert, bedeutet das nicht, dass es den Druck oder die Berührung nicht spürt. Daher ist es nicht nötig, den Druck schärfer, härter, unangenehmer zu machen – außer man meint, Pferde seien mehr motiviert, wenn sie „angeschrien" werden. Was man ansonsten tun kann, findet sich auf Seite 76 ff..

Damit ist nicht gesagt, dass die Anwendung von Knotenhalftern, Hebelzäumungen und anderem unethisch ist. Denn diese Hilfsmittel können in der richtigen Hand gute Resultate erzielen: Korrekt eingesetzt werden sie keinen Schaden anrichten. Es kommt eben wieder auf das richtige Training an und nicht auf die Ausrüstung.

BESTRAFUNGEN

„Wenn ein Tier von Anfang an korrekt trainiert wurde, gibt es keinen Grund für Bestrafungen im Training. Bestrafungen sind in der Regel ein Merkmal von verwirrenden Trainingsprogrammen. Wenn das Pferd seine Verwirrung ausdrückt durch sogenanntes Konfliktverhalten und eventuell gegen den Druck angeht, machen manche Trainer den großen Fehler, dieses als ungezogenes oder respektloses Verhalten anzusehen, welches Bestrafung erfordert oder sogar verdient."
(Dr. Andrew McLean, PhD Equine cognition and learning, www.aebc.com.au)

Trainieren ohne Schmerzen

Ein Gebiss tut weh, wenn wir am Zügel zerren. Ein weiches Stallhalfter tut bei gleichem Kraftaufwand sehr wahrscheinlich weniger weh. Das setzt allerdings ein weitaus besser trainiertes Pferd voraus.

Es ist richtig, dass das Gebiss punktuellen Druck auf Nerven legt – das tut ein Halfter allerdings auch. Wir müssen reiten lernen und den Umgang mit dem Pferd immer wieder überdenken – egal ob mit oder ohne Gebiss. Ob eine gebisslose Zäumung mit Hebeln und ungepolstertem Nasenband mehr oder weniger wehtut als ein Gebiss, empfindet jedes Pferd anders und ist jeweils individuell zu beurteilen.

Das Reiten in schädlichen und zu engen Positionen kommt leider auch bei gebisslosem Reiten vor. Manchmal ziehen Pferde sogar den Nasenrücken noch mehr ein, wenn hier Druck ausgeübt wird. Leider habe ich in meiner 20-jährigen Laufbahn als Vollzeitinstrukteurin einige Equipagen gesehen, bei denen sich das Pferd am strammen Zügel mit einem Sidepull, Schnurhalfter oder mechanischen Hackamore weit hinter die Senkrechte verkriecht. Auch heutzutage gibt es Bilder, auf denen Pferde mit verschiedenen gebisslosen Zäumungen und hartem konstanten Zügelzug hinter die Senkrechte gezerrt werden – oft um ein Gefühl der Kontrolle aufrechtzuerhalten. Ein Pferd, das überbogen und zusammengerollt gehen muss, hat Schmerzen im Körper – egal ob mit oder ohne Gebiss.

Auch Pferde, die ausschließlich am losen Zügel geritten werden, können Schäden davontragen – durch Überbelastung der Vorderbeine, wenn das Pferd nur vorlastig geht, oder des Rückens, wenn das Pferd lange Zeit mit wegge-

Zufriedenes Pferd in gesunder Arbeitshaltung mit kolumbianischen Bosal.

drücktem Rücken und hohem Hals durch die Gegend spaziert. Diese Schäden sind jedoch oft erst später im Verlauf festzustellen und werden dann leider nicht immer mit dem eigenen Reitstil in Verbindung gebracht.

Um physische Schmerzen im Training auszuschließen, ist es sehr wichtig, sich ein umfassendes Wissen anzueignen über die Funktionen des Pferdekörpers, die Biomechanik und die Anatomie. Es genügt nicht, dass man sein Pferd lieb hat – aus Unwissenheit zugefügte Schmerzen tun auch weh.

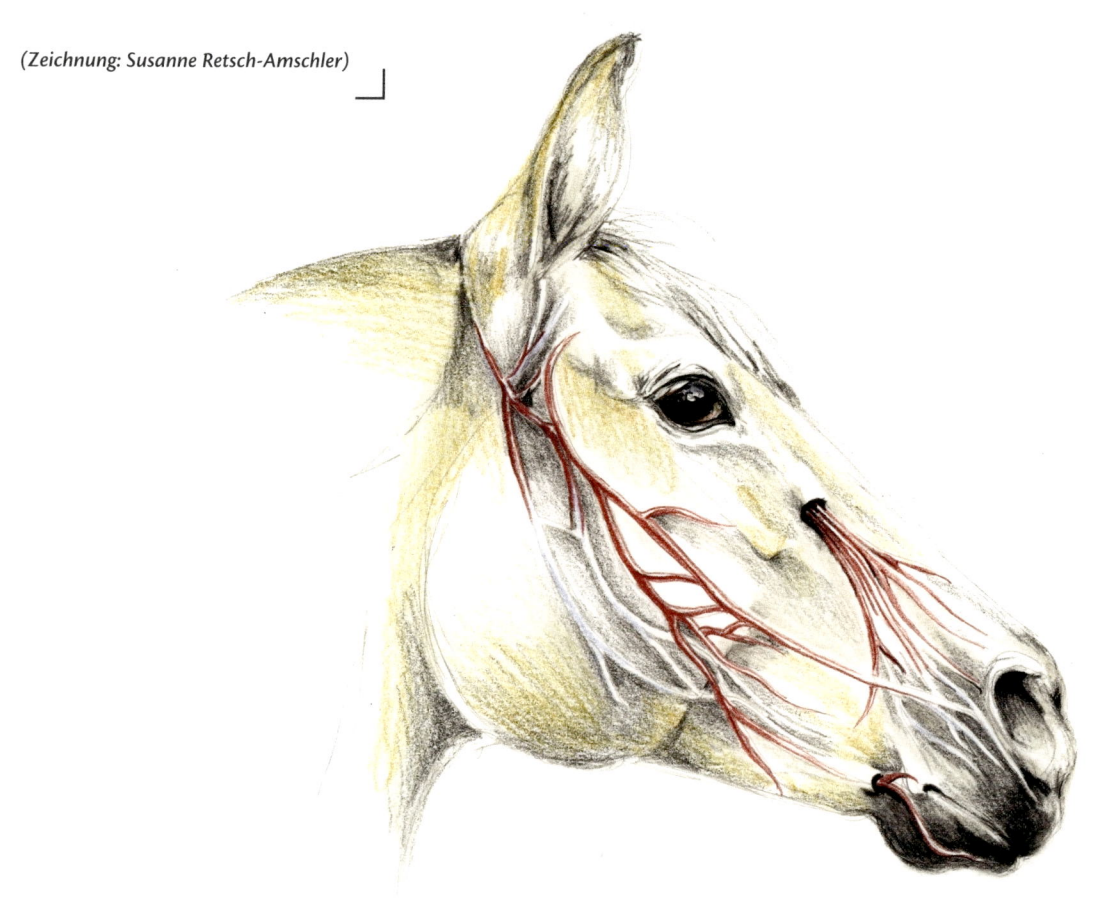

Wichtige Aspekte der Anatomie des Pferdekopfes

Gesichtsnerven

Ganz wichtig ist es für alle Reiter, die gern gebisslos reiten möchten, sich die Bereiche der Gesichtsnerven und Muskeln anzusehen und einzuprägen. Das Band, das um den Pferdekopf gespannt wird, darf nicht auf den sehr empfindlichen Nervenbündeln liegen, die in der Nähe des Jochbeins in Richtung Nasenrücken aus dem Schädel heraustreten. Das Loch kann man deutlich auf dem Bild sehen.

Daher kommt übrigens die bekannte Regel, dass Reithalfter zwei bis drei Fingerbreit unter dem Jochbein liegen sollten. Das Reithalfter oder der Nasenriemen liegen jedoch immer auf den Gesichtsnerven auf, und von daher sollten wir versuchen, scharfe ruckartige Signale auf jeden Fall zu vermeiden.

Die Löcher im Cranium, aus denen Nervenbündel austreten, sind sehr empfindliche Stellen.

Ausweiten der Nüstern. (Foto: Ute Lehmann)

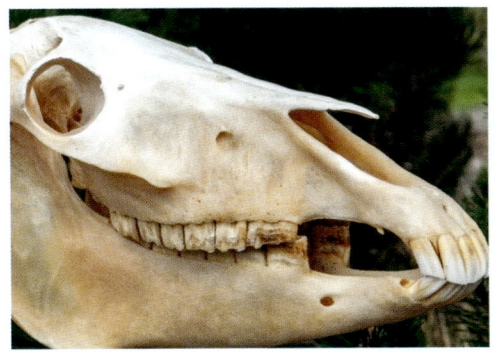

Gesichtsmuskeln

Die Öffnung der Nüstern führt weit hinauf Richtung Nasenrücken. Das Pferd öffnet bei physischer Belastung mithilfe von verschiedenen Gesichtsmuskeln die Nasenlöcher ganz weit und bläht die Nüstern auf, um mehr Luft in die Lungen strömen lassen zu können.

Diese Muskeln können nur eingeschränkt arbeiten, wenn ein eng geschnallter Riemen anliegt, da die Muskeln sehr dicht am Knochen liegen. Am meisten behindert jedoch ein tief liegendes Halfter die Atmung, da an dieser Stelle nur noch ein weicher Knorpel sitzt und die Nasenlöcher trichterförmig bis weit oben ausgeweitet werden. Dies ist mit einem zu tief liegenden engen Halfter oder Kappzaum nicht möglich.

Knochen und Bindegewebe, Gelenke

Der Ausläufer des Nasenbeins ist dünn und zerbrechlich. Es werden häufiger Frakturen vorgefunden, die von zu strammen Sperrhalftern oder anderen Nasenriemen, mechanischen Hackamores und so weiter stammen.

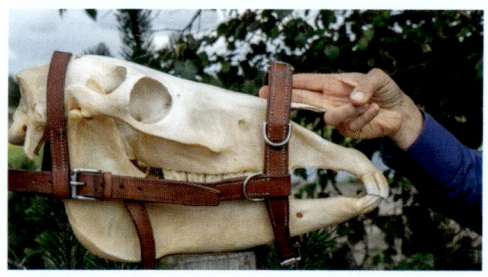

Obwohl dieses weiche Lederpluvinel korrekt verschnallt ist ...

... erlaubt es nur ein begrenztes Öffnen des Kiefergelenks (bemerke den schmalen Raum zwischen den hinteren Backenzähnen).

So weit öffnet ein Pferd das Maul zum Gähnen!

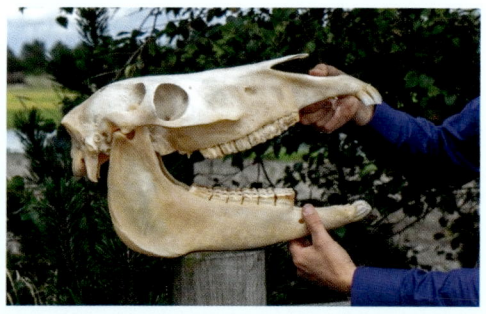

Das Kiefergelenk ist in entspanntem Zustand leicht geöffnet, das bedeutet, dass die obere und untere Zahnreihe sich nicht berühren. Um die Zähne aufeinanderzupressen, muss das Pferd die Muskeln um das Kiefergelenk anspannen. Verschnallen wir das Halfter zu eng, bedeutet das permanenten Stress für das Kiefergelenk. Die Muskeln werden müde und verspannen sich. Das überträgt sich in die Genick- und Halsmuskulatur.

Wir können das selbst ausprobieren: Versuchen wir einmal nachzuspüren, ob sich unsere Zahnreihen berühren, wenn wir ganz entspannt dasitzen und tief ein- und ausatmen: Dann sollte der Kiefermuskel sich entspannen und ein wenig Zwischenraum zwischen den Zähnen lassen. Wenn wir jetzt die Zähne fest aufeinanderpressen und das Kinn Richtung Brust rollen, entsteht nach kurzer Zeit eine unangenehme Spannung im Nacken.

Der Nasenriemen muss daher unbedingt erlauben, dass Platz zwischen der oberen und unteren Reihe der Schneidezähne ist. Ein herzhaftes Gähnen ist übrigens selbst mit korrekt verschnallten Halftern und gebisslosen Zäumungen nicht möglich – da muss statt den üblichen zwei Fingern (Minimum!) zwischen Nasenband und Nasenrücken mindestens eine ganze Hand hineinpassen. Das Gähnen ist wiederum möglich beim Reiten mit Trense ohne Sperrhalfter. Auch bei korrekt verschnalltem Kappzaum in diesem Beispiel kann das Pferd das Kiefergelenk zum Gähnen nicht ausstrecken.

Betrachtet man das Nasenbein anatomisch, wird deutlich, dass es aus zwei nebeneinanderliegenden Knochen besteht, die durch eine Form von Bindegewebe zusammengesetzt sind. Untersuchungen zeigen, dass diese Bindegewebsnaht (*Sutura internasalis*) in manchen Fällen durch eine sehr kräftige seitliche Zügeleinwirkung auf-reißen kann, wodurch die zwei Seiten teilweise separiert werden können. Das ist sehr schmerz-haft für das Pferd, und das Nasenbein ist über längere Zeit instabil. Dieser Schaden ist nicht erkennbar auf Röntgenbildern und wird da-her offenbar oft nicht weiter berücksichtigt.

Sollte das Pferd unter wiederkehrenden Nasennebenhöhleninfektionen leiden, kann ein Schaden oder eine Blockade in diesem Be-reich vorliegen, die beispielsweise osteopathisch behandelt werden sollte.

Damit wird noch einmal deutlich, dass wir auch sehr vorsichtig mit dem Druck auf den Pferdekopf von außen umgehen müssen – und im Zweifelsfall immer lieber ein bisschen langsa-mer vorgehen!

Maul

Wie wir heute wissen, ist die Anatomie in den Pferdemäulern genauso individuell wie das Äu-ßere. Allein schon die Zunge kann unterschied-

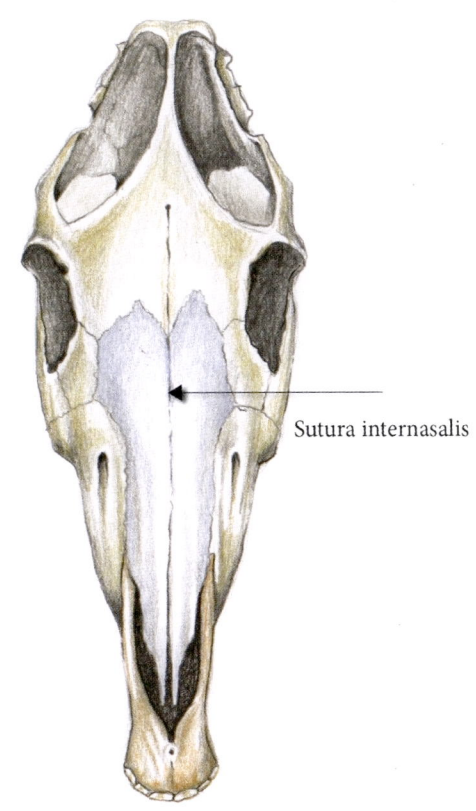

In der Mitte des Nasenbeins als feine Linie sichtbar:
die Bindegewebsnaht Sutura internasalis.
(Zeichnung: Susanne Retsch-Amschler)

Die Laden sind die freien Bereiche zwischen den Schneide- und den
Backenzähnen. Hier ist der Unterkiefer von oben vorne zu sehen.
Deutlich treten die scharfen Kanten der Laden hervor.

lich breit und dick sein, was einem Gebiss im Mund mehr oder weniger oder eben gar keinen Platz lässt. Auch die Laden des Unterkiefers sind manchmal sehr eng oder breit und oft scharfkantig, was die Einwirkung des Gebisses sehr unangenehm machen kann.

Einige Tierärzte und Zahnspezialisten empfehlen daher, die Anatomie des Pferdemauls am sedierten Pferd zu untersuchen, da das Maul hier komplett entspannt ist und das Pferd keine Kaubewegungen macht. So kann die Form,

Größe und Lage des Gebisses individuell angepasst werden, oder es wird festgestellt, dass eine gebisslose Zäumung die beste Lösung für das Pferd ist.

Zähne

Oft wird gesagt, dass man in der Zeit des Zahnwechsels gebisslos reiten sollte, um das Maul zu schonen. Hier möchte ich Folgendes zu bedenken geben: Es ist wichtig zu berücksichtigen, wann das junge Pferd die Backenzähne wechselt: Beim Wechsel der Backenzähne werden die Milchzähne als Kappen von den bleibenden Zähnen herausgeschoben. Selbst wenn keine Kappe hängen geblieben ist oder sich verkeilt hat, kommen die neuen, bleibenden Zähne doch mit sehr scharfen Kanten heraus und können Wunden in der Backenschleimhaut verursachen, wenn von außen ein Halfter dagegendrückt.

Der Wechsel der Backenzähne verläuft normalerweise zwischen zweieinhalb und fünf Jahren. In dieser Periode ist eine halbjähr-

Die bunten Pfeile zeigen den Zahnwechsel. Die grauen Pfeile zeigen auf die Backenzähne, die keine Milchzähne als Vorläufer haben.

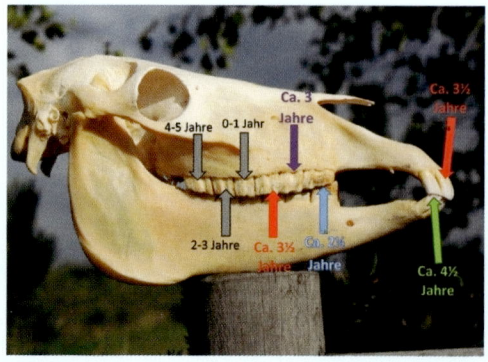

Das Halfter drückt die empfindliche Backenschleimhaut gegen die obere Zahnreihe, die nach außen hin oft Zahnspitzen aufweist.

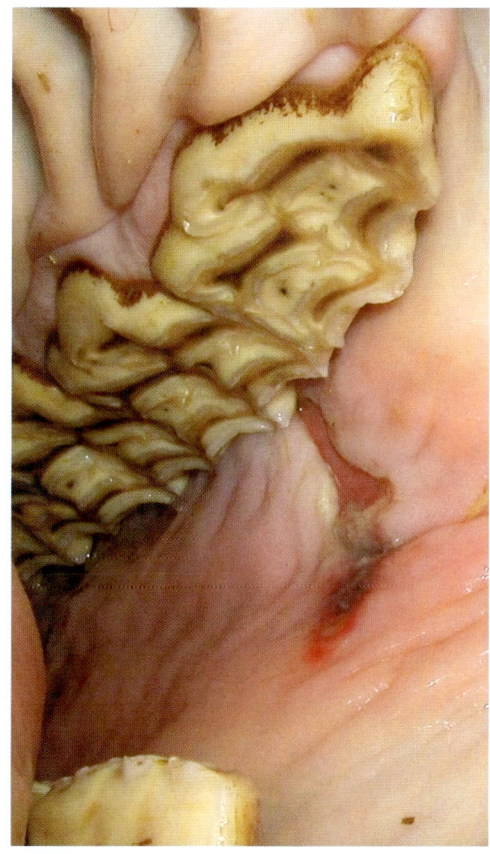

Backenschleimhaut mit Läsionen.
(Foto: Mai Nicholaisen)

Ich habe jedoch auch erlebt, dass Pferde – wie kleine Kinder – vom Zahnwechsel generell beeinträchtigt sind, und achte immer darauf, ob eine etwaige Unwilligkeit des jungen Pferdes eventuell daher kommt. Im Zahnwechselalter passiert sehr viel im Pferdemund, und wir dürfen das Pferd in dieser Zeit nicht überfordern. In der Wechselperiode, die mithilfe eines Tierarztes oder eines Pferdedentalpraktikers bestimmt werden kann, kann es ein Vorteil sein, das junge Pferd statt gebisslos lieber mit einer weichen einfachen Trense zu reiten – aber ohne Sperrhalfter.

Alle Pferde, die mit Halftern oder Trensen gearbeitet oder auch nur geführt werden, sollten regelmäßig zur Zahnpflege – im Durchschnitt mindestens einmal pro Jahr. Es ist übrigens ein Mythos, dass Pferde, die gebisslos geritten werden, keine Zahnpflege brauchen. Ich würde fast das Gegenteil behaupten: Viele Wunden im Pferdemaul werden durch die Zahnspitzen der oberen Zähne verursacht, wenn Druck von außen an die Pferdebacken kommt.

Ich habe eine Bekannte, die viele Jahre in der Überzeugung gebisslos geritten ist, dass sie damit dem Pferd nicht wehtun würde. Leider hatte sie das Sidepull nicht weit genug geschnallt und dem Tierarzt vertraut, der meinte, dass eine Zahnbehandlung nicht nötig sei, wenn sie gebisslos und „nur" im Wald reite. Als ich sie an meine Pferdedentalpraktikerin verwiesen habe, da das Pferd sich bei Zügelkontakt deutlich im Genick verwarf, wurden zum Entsetzen der Besitzerin mehrere offene Wunden in der inneren Backenschleimhaut gefunden, hervorgerufen von scharfen Zahnspitzen und Druck vom Kopfstück durch den seitlichen Zügelanzug von außen.

liche Kontrolle anzuraten, da hängengebliebene Milchzahnkappen zu Zahnstellungsproblemen führen können. Im Alter von circa zweieinhalb Jahren wechseln die vordersten Schneidezähne und die ersten Backenzähne, mit circa drei Jahren die zweiten Backenzähne, mit circa dreieinhalb Jahren die zweiten Schneidezähne und die dritten Backenzähne, und mit circa viereinhalb Jahren die dritten Schneidezähne. Wie auf dem Foto zu sehen ist, ist besondere Rücksicht geboten in der Zeit des Wechsels vom ersten und zweiten Backenzahn, da ein Halfter oder gebissloses Kopfstück dort anliegen wird.

Sicheres Anpassen der Ausrüstung

Tipps und Daumenregeln

Das Wichtigste ist, dass die Zäumung dem Pferd genau angepasst wird und keine Druck- oder Scheuerstellen hinterlässt. Oft sind Stirnriemen zu knapp bemessen und ziehen dadurch den Genickriemen zu dicht an die Ohren – hier muss man individuell schauen, was dem Pferd passt. Denn nicht alle Pferde haben Abmessungen, die in die Standardgrößen passen, genauso wenig wie wir Reiter. In den meisten Fällen kann man den Stirnriemen einfach weglassen. Wenn man das nicht möchte, muss er lang genug sein.

Das Nasenteil des Zaumes sollte nicht höher als zwei bis drei Fingerbreit unter dem Jochbein liegen und nicht viel tiefer, da es das Öffnen der Nüstern einschränken würde. Höher ge-

legt würde es direkt auf den aus dem Schädel austretenden Nervenbündeln liegen (siehe Bild Seite 26).

Als absolutes Minimum gilt, den Nasenriemen mit Abstand von mindestens zwei Fingern senkrecht vom Nasenrücken zu verschnallen. Beim Kappzaum oder anderen Zäumungen, bei denen die Zügel etwas weiter vorn oben befestigt werden, ist es wichtig, dass der Kehlriemen am Backenstück festgenäht ist, um dieses von den Augen wegzuhalten. Bei Bosal und mechanischer Hackamore liegt der Backenriemen auch oft sehr dicht am Pferdeauge. Der festgenähte Kinnriemen stabilisiert die gesamte Konstruktion und vermindert das Herumrutschen des Nasenriemens auf dem Nasenrücken, was sehr unangenehm sein kann.

Mindestens zwei Fingerbreit Platz unter dem Jochbein ...
(Fotos: Ute Lehmann)

... und mindestens zwei Finger aufeinanderliegend Platz zwischen Nasenriemen und Nasenrücken.

Gebräuchliche Zäumungen

Verschiedene Wirkungsweisen

Heutzutage ist uns bewusst, dass wir kein Gebiss benötigen, um unser Pferd kontrollieren zu können. Wir stehen vor einer unüberschaubaren Vielfalt der unterschiedlichsten Kopfstücke, die alle auf verschiedene Art und Weise Druck auf den Pferdekopf ausüben. Ich möchte versuchen zu beleuchten, wo welche Zäumungen angewendet werden und wofür diese gebraucht werden können.

Beim Einsatz der verschiedenen Zäume gilt aber immer die gleiche Grundregel: Ein durchgehender Druck auf Nase und/oder Genick sollte vermieden werden. Denn Pferde blenden durch-gängigen Druck oft einfach aus. Daraus könnte sich ein Kräftemessen entwickeln, das weder Reiter noch Pferd etwas nützt.

Mit Hebel- oder Flaschenzugeffekt

Die Hebelwirkung setzt ein, wenn der Druck des Zügels nicht gleich dem Druck ist, der auf der Nase oder dem Kopf des Pferdes ankommt, da er umgelenkt wird und dadurch mit wenig Kraft eine große Wirkung erzielen kann. Der Reiter kann hier den Eindruck bekommen, dass das Pferd sehr gut und schnell reagiert und „leicht" in der Hand wird. Dadurch hat der Reiter das Gefühl, ohne viel Krafteinwirkung am Zügel zu reiten – das Pferd spürt jedoch das Signal sehr viel deutlicher.

Mangalarga-Wallach Dion badet.

Der Druck wird aber nicht nur stärker, sondern bekommt auch eine andere Richtung. Dabei kann das Pferd durch den Hebel einer mechanischen Hackamore oder Cavamore die Hilfestellung bekommen, die Oberlinie zu verlängern. Der Reiter muss wissen, dass er bei einer Zäumung mit zum Beispiel gekreuzten Riemen unter dem Unterkiefer zwar am linken Zügel eine Hilfe gibt – die aber an der rechten Seite außen an der Ganasche ankommt und diese nach innen schiebt.

Bei der Hebelwirkung einer mechanischen Hackamore legt sich die Kinnkette an den Unterkiefer und der Genickriemen wird nach unten

Deutlich verkantet sich der Hebelarm hier durch falsche seitliche Einwirkung und drückt in die empfindliche Wange des Pferdes.

gezogen, während sich Druck auf dem Nasenrücken aufbaut. Der Vorteil ist, dass das Signal „langsamer" ankommt und das Pferd daher die Chance hat – bei angemessener Hilfengebung – zu antworten, bevor der Druck stärker wird. Dadurch kann eine Zäumung mit Hebeln durchaus das trainierte Pferd weiter ausbilden und die Hilfen des Reiters verfeinern. Dieser Effekt sollte aber nicht angewendet werden, um Kontrolle über ein Pferd zu erlangen, das nicht auf weichere Signale reagiert.

Direkte Übertragung des Zügelsignals
Der Reiter spürt das Signal gleich stark in der Hand – hier muss jedoch berücksichtigt werden, ob das Material auf der Pferdenase dünner, härter oder schärfer ist als das, was der Reiter in der Hand hat.

Mechanische Hackamore (Hebelwirkung)

- **Ursprung:** Wurde und wird in Rodeo-Disziplinen bei Pferden eingesetzt, die auf Hilfen am Gebiss durch zu kräftigen Dauergebrauch nicht mehr reagieren.
- **Gebrauch:** Rodeo, Western, Springen, Freizeit

Die mechanische Hackamore besteht aus einem Nasenriemen, den Anzügen und einer Kinnkette. Bereits bei relativ leichtem Zügelanzug wird über die Hebel Druck sowohl auf das Kinn als auch auf das Nasenbein und das Genick ausgeübt. Die Oberbäume ziehen bei Anzug der Zügel am Genickstück und drücken somit oben hinter den Ohren ins Genick. Die Kinnkette drückt bei Zug hinter dem Kinn auf den Unterkiefer des Pferdes, das Nasenteil auf den Nasenrücken. Nicht selten haben Pferde Haarrisse im Unterkieferknochen von der Einwirkung solcher Geräte. Bei richtig viel Krafteinwirkung kann man dem Pferd damit sogar komplett den Unterkiefer brechen – und das ist irreparabel.

Es darf nur einhändig geritten werden, da die Hackamore sich bei einseitigem Zügelzug verkantet und den Oberbaum in die Wange des Pferdes bohrt. Das bedeutet, dass das Pferd schon sehr gut ausgebildet sein muss, bevor man es mit dieser Zäumung reiten kann – entsprechend der Kandare beim Reiten mit Gebiss.

Der Nasenriemen kann aus gepolstertem Leder bestehen, Fahrradketten oder ummantelter Stahldraht sind auch zu finden.

Leichte Hebelwirkung.

Glücksrad, Blümchen, Flower (Hebelwirkung)

- **Ursprung:** Monika Lehmenkühler – LG-Zaum
- **Gebrauch:** Dressur, Springen, Freizeit

Die vielen verschiedenen Varianten und Formen dieses Prinzips haben eines gemeinsam: Ein rundes Ornament aus Metall in Speichenrad- oder Blumenform seitlich am Pferdekopf mit verschiedenen Einschnallmöglichkeiten der Zügel übt je nach Zügelposition mehr oder weniger Hebeldruck aus. Auch dieses Metallteil verkantet sich etwas bei zu deutlicher seitlicher Einwirkung. Es gibt jedoch auch eine Einschnallmöglichkeit ganz ohne Hebelwirkung. Die Wirkung ist dann ähnlich eines Stallhalfters – abhängig von der Breite und Härte des Nasenriemens.

Einige Hersteller bieten für diese Zäumung Extrahebel zum Anschrauben an, die die Hebel-

Leichtes Verkanten des Metallrades.

37

Gekreuzte Zügeleinwirkung von hinten ...   *... und von der Seite.*

wirkung weiterhin verstärken. Die Flower- oder Blümchen-Hackamore hat schon einen deutlichen Hebeleffekt.

Merothisches Reithalfter/ Bitless Bridle

Diesen Zäumungen ist gemeinsam, dass sie auf einem Flaschenzugprinzip basieren: Die Zügel wirken nicht direkt auf die Nase ein, sondern durch ein System, bei dem die Riemen entweder über Kreuz unter dem Unterkiefer laufen oder sich einfach nur unter dem Kinn zusammenziehen.

Egon Meroth ließ 1985 sein MR – Merothisches Reithalfter – patentieren, eine Zäumung, deren Nasenriemen durch eine Art Stahlfeder verstärkt wird. Dadurch öffnet sich der Riemen nach dem Nachgeben am Zügel und der Druck verschwindet. Meroth legt großen Wert auf die Ausbildung des Reiters, den er deutlich auffordert, „Reiten zu lernen – denn: Je geschulter der Reiter, desto sanfter die Zügelhilfen!".

Das Kopfstück mit den gekreuzten Riemen (inspiriert von dem Be-nice-Halfter, Don Woodruff), die unter der ganzen Länge des Unterkiefers entlanglaufen und sowohl im Genick hinter den Ohren als auch auf die Seite des Kopfes und auf den Nasenrücken einwirken, wurde 1988 von Edward Allan Buck entworfen. Es ist seitdem vielfach kopiert worden und unter den verschiedensten Namen und in vielen Formen, Farben und Preisklassen erhältlich.

Das Konzept ist, dass der Zügeldruck auf den ganzen Kopf des Pferdes (Whole-head-hug) verteilt wird, anstatt sich auf die Nase zu konzentrieren. Je nach Material können die Riemen besser oder schlechter gleiten, was die Qualität des Signals stark beeinflusst. Besonders das Nachlassen des Drucks muss das Pferd unmittelbar spüren. Da die Riemen manchmal in der angenommenen Position hängen bleiben, kommt das Nachgeben am Zügel erst verspätet oder gar nicht beim Pferd an.

Der „schiebende" Druck von außen kann der gewünschten Platzierung des Unterkiefers entgegenwirken, da dieser durch den diagonal umgelenkten Zügelzug etwas nach innen gedrückt wird.

Cavemore mit vier Zügeln.

Cavemore

- **Ursprung:** Bent Branderup, Jossy Reynvoet
- **Gebrauch:** akademische Reitkunst

Dies ist eine Kombination aus Hackamore und Caveçon. Die Zäumung wird mit vier Zügeln geritten, wobei der obere Zügel am Caveçon

So nicht! Für die Kamera: falscher Gebrauch des unteren Zügels.

befestigt wird und für das Lenken, die Stellung und Positionierung des Nasenrückens und der Ganaschen verantwortlich ist. Der untere Zügel sitzt an dem Schenkel und kann – richtig eingesetzt – die Verlängerung der Oberlinie und eine Beizäumung bewirken. Er ist nicht zur seitlichen Einwirkung geeignet, da sich dann die Schenkel verkanten und den oberen Teil in die Wange des Pferdes bohren.

Mithilfe dieser oder ähnlich aufgebauter Zäumungen kann man die Vorteile beider Wirkungsweisen getrennt nutzen.

Schnur- oder Knotenhalfter/ Natural Hackamore

- **Ursprung:** USA
- **Gebrauch:** Bodenarbeit, Jungpferdetraining, Korrektur

Das ist ein sehr beliebtes und vielerorts eingesetztes Werkzeug, das ich daher etwas eingehender beschreiben möchte. Diese Halfter haben kleine Knoten auf beiden Seiten der Nase und einen großen Knoten unter dem Kinn. Der Durchmesser des Seils, aus dem das Halfter gemacht ist, bestimmt die Härte der Einwirkung mehr als das Material selbst.

Nach meiner Erfahrung ist ein circa sechs bis sieben Millimeter dickes Polyesterseil ideal, da hier die seitlichen Knoten nicht zu klotzig werden und das Material leicht über das Fell gleitet. Wenn man möchte, kann man einen Nasenschoner, zum Beispiel aus Lammfell, über das Nasenteil und die Knoten legen, das die Einwirkung deutlich weicher macht. Der Zug an den Zügeln, die unter dem Kinn des Pferdes befestigt

werden, kann bei länger anhaltendem seitlichen Druck den Kopf des Pferdes in Schieflage bringen und den Unterkiefer nach innen schieben, was das korrekte Stellen erschwert. Daher ist es wichtig, nur mit kurzen Impulsen zu reiten.

Das Knotenhalfter funktioniert gut in den Händen eines erfahrenen Reiters, sofern es richtig passt. Die Passform und die Qualität variieren je nach Hersteller – und hier können Probleme auftauchen: Besonders wenn der Nasenriemen zu lang ist, rutscht das Halfter am Kopf des Pferdes hin und her und kann Scheuerstellen auf dem Nasenrücken hinterlassen. Auch kann sich bei zu großem Nasenteil der Knoten unter dem Kinn des Pferdes so weit in Richtung Hals bewegen, dass der Zügeldruck direkt auf den Unterhals geht und daher wirkungslos wird.

Oft wird versucht, den zu weiten Nasenriemen durch ein zu hoch gezogenes Halfter auszugleichen. Leider wird dadurch der Druck genau auf die Nervenbündel an der Seite des Kopfes gelegt – mit dem Resultat, dass das Pferd aus Schmerzen entweder überreagiert oder gegen den Druck angeht. Auch mit diesem Halfter gilt: Das Nasenteil muss mindestens zwei bis drei Finger unter dem Jochbein liegen.

Wichtig zu beachten ist, dass Schnurhalfter und die Natural Hackamore oft traditionell mit schweren Seilen und wuchtigen Karabinern kombiniert werden, die die Einwirkung deutlich verstärken. Die Rotation, also das Hin-und-her-Schwingen des Halfters auf dem Nasenrücken des Pferdes, die daraus besonders in schnelleren Gangarten resultiert, ist eine völlig unnötige und für das Pferd unangenehme Nebenwirkung, die sehr leicht behoben werden kann, indem man leichtere Zügel wählt.

In unerfahrenen oder harten Händen kann das Knotenhalfter deutlichen Schaden anrichten, da der Druck auf sehr kleiner Fläche liegt. Abgeriebene Haare und offene Wunden, von den Knoten auf dem Nasenrücken verursacht, können die Folge sein. Manche Versionen der Natural Hackamore haben ein Extraführseil, Leadrope genannt, das vom Knoten unter dem Kinn des Pferdes zum Reiter führt.

Das Bosal (siehe Seite 44) hat die gleiche Tradition, da hier die Mecate ähnlich gebunden wird wie bei der Natural Hackamore. Manche Reiter haben die Angewohnheit, das Ende dieses Führseils in den Gürtel zu stecken, wobei beachtet werden muss, dass das Seil bei einem eventu-

Saphir und Kim im Wald unterwegs.

ellen Sturz herausgleiten kann. Der Grund für das Extraseil liegt in der traditionellen Arbeit vom Pferderücken aus: So war es möglich, abzusteigen und eventuell einen Zaun zu reparieren oder das Pferd direkt anzubinden. Ich habe vor vielen Jahren die Geschichte gehört, dass der Trainer sicher sein wollte, nach einem etwaigen unfreiwilligen Abstieg vom Pferderücken nicht zu Fuß nach Hause gehen zu müssen. Heutzutage wird das Extraseil jedoch meistens mit ein paar halben Schlägen (Knoten) am Horn des Westernsattels befestigt oder aber um den Hals des Pferdes gebunden, wenn der Sattel keine Anbindemöglichkeit hat. Es ist wichtig, darauf zu achten, dass das Pferd nicht in den Strick treten kann.

Bändele (Rai-Reiten)

- **Ursprung:** Fred Rai
- **Anwendung:** Rai-Reiten

Auch das Bändele ist eine Form von Schnurhalfter, jedoch sehr vereinfacht und ohne Knoten. Dieses Halfter besteht nur aus einem Genickstück und einem Nasenriemen, der in die Zügel übergeht – quasi ist alles aus einem Stück Seil gefertigt. Das Material ist hart und recht dünn. Daher ist diese Zäumung nur dafür gedacht, mit kurzen Impulsen zu arbeiten. Da die Zügel auch unter dem Kinn des Pferdes befestigt sind, ist es schwer, das Pferd zu stellen. Oft sitzt dieses Halfter sehr tief, da es nicht einfach verstellbar ist.

Es ist von Vorteil, dass der Reiter genauso harte dünne Zügel in der Hand hält, die bestimmt nicht zum Festhalten oder Ziehen einladen. Er kann dadurch besser fühlen, welchen Druck das Pferd auf der Nase spürt.

Sidepull/Lindel

- **Ursprung:** USA
- **Gebrauch:** Jungpferdetraining Western, Cutting-Training, Freizeit

Das ursprüngliche Sidepull hat einen Nasenriemen aus gewachstem Lassoseil. Es gibt Versionen mit einem (schärfer) oder zwei Seilstücken. Unter dem Kinn des Pferdes ist ein Lederriemen. An dem Lassoseil sind auf jeder Seite zwei Ringe befestigt – einer für den Genickriemen und einer, an dem der Zügel festgemacht wird. Ursprünglich war diese Zäumung dafür vorgesehen, Cutting-Pferden die schnellen Wendungen beizubringen.

Linda Tellington-Jones hat eine eigene Version herausgebracht, die nach ihr benannt wurde: das Lindel. Es gibt inzwischen eine stilvolle Ausführung in Leder mit einer durchdachten Anordnung des Kehlriemens – ähnlich einem guten Kappzaum –, um den Backenriemen vom Auge fernzuhalten.

Wie der Name sagt, hilft das Sidepull dem Pferd, den seitlichen Zügelzug zu verstehen. Der Druck der seitwärtsführenden Zügelhilfe geht direkt auf die Nase des Pferdes und ist so dem des Stallhalfters sehr ähnlich. Daher haben die meisten Pferde keine Probleme, die Signale des Sidepulls oder Lindels zu verstehen. Die rückwärtswirkenden Hilfen werden eins zu eins auf den Nasenrücken übertragen.

Zum schnellen Wenden wie beim Cutting, wobei das Pferd blitzschnell zur Seite springt, um dem Rind den Weg abzuschneiden, wird jedoch der Kopf eher zur Seite geführt und nicht in den Ganaschen gestellt wie beim Kappzaum.

Kappzaum (Caveçon, Serreta, Pluvinel, englischer Kappzaum)

Auch beim Kappzaum wird der Druck direkt auf den Nasenrücken gelegt. Die Ringe für die Zügel sind jedoch etwas näher Richtung Nasenrücken platziert. Das hat den Vorteil, dass der Zügel leichter den Nasenrücken in Bewegungsrichtung rotieren lassen kann. Der Kappzaum hat auch einen dritten Ring in der Mitte des Nasenrückens, in dem der Zügel beim Longieren eingehängt werden kann. Dadurch kann man, bei sachter und sachgemäßer Anwendung, dem Pferd helfen, eine biomechanisch korrekte Stellung und Biegung einzunehmen.

Der Nachteil ist: Wenn das Pferd den Kopf sehr hoch nimmt und der Reiter dann aus Furcht, Unwissenheit oder im Reflex an beiden Zügeln nach hinten zieht, rutscht der Kappzaum Richtung Augen nach oben/hinten.

Sidepull aus Leder.

Caveçon: Eine Fahrradkette, meistens lederummantelt, die mit drei Ringen ausgestattet ist.

- **Ursprungsland:** Frankreich
- **Gebrauch:** u. a. in der Ausbildung der Hirtenpferde in der Camargue, angewandt bei Anhängern der akademischen Reitweise

Serreta: Ein Stahlbügel mit drei Ringen, original ein gebogenes U-Eisen, das Richtung Pferdenase Zacken aufweist. Oft ist dieses Teil mit Leder überzogen. Die Ringe für die Zügel sind auf Stangen angebracht, die einen beträchtlichen Hebelarmeffekt bewirken, wenn ein Zügel angenommen wird. Diese Zäumung hinterlässt leicht Narben auf dem Nasenrücken der Pferde. Auch ist die Weite des Bügels für europäische Warmblutpferde oft zu eng. Es gibt inzwischen humanere Versionen der Serreta, bei denen das U-Eisen

Irish Cob Saphir mit Caveçon.

keine Zacken (jedoch immer noch Kanten) hat oder statt eines U-Eisens ein Flacheisen verwendet wird. Diese Zäumung gehört nicht in die Hände von Anfängern und kann großen Schaden anrichten, da schnell eine Überbelastung des Nasenbeins zustande kommen kann (siehe Seite 28 f., Anatomie: *Sutura Internasalis*).

- **Ursprungsland:** Spanien
- **Gebrauch:** u. a. in der Ausbildung der Stierkampfpferde

Pluvinel: Ein kräftiger Lederriemen mit drei Ringen, die mildeste Version des Kappzaums. Benannt nach Antoine de Pluvinel (1555–1620), Stallmeister und Reitlehrer von Ludwig XIII., der die Ansicht vertrat, das es möglich sei, Pferde gewaltfrei zur Mitarbeit zu bringen, wenn man Verständnis für ihr Wesen, Geduld und Lob einsetzt. Pluvinel wird als Pionier der Bodenarbeit angesehen.

- **Ursprungsland:** Frankreich
- **Gebrauch:** klassische und akademische Dressur, Freizeitbereich

> Auf ein Pferd, das aus Angst gehorcht,
> ist kein Verlass. Es wird immer etwas geben,
> vor dem es sich mehr fürchtet
> als vor dem Reiter. Wenn es aber seinem
> Reiter vertraut, wird es ihn fragen,
> was es tun soll, wenn es sich fürchtet.
>
> *Antoine de Pluvinel*

Englischer Kappzaum: Ein gepolsterter dicker Nasenriemen, der auf der Außenseite vier Metallschienen hat, die durch Scharniere verbunden sind. In der Mitte der beiden oberen Schienen sind die zwei äußeren Ringe befestigt. Der mittlere

Von links nach rechts: Serreta, Caveçon, Pluvinel.

Ring sitzt auf einem Scharnier, das nach rechts und links kippen kann.

Diese Version wird oft zum Longieren benutzt und kann in verschiedenen Ausführungen erworben werden. Der Kappzaum ist ziemlich schwer und wirkt oft etwas überdimensioniert bei Pferden mit kleinen Köpfen.

- **Gebrauch:** klassische Ausbildung

Bosal (Kalifornische Hackamore)

- **Ursprungsländer:** Spanien, Mexiko, Kalifornien
- **Gebrauch:** in der traditionellen Vaquero-Reitweise, im Westernsport (3- bis 5-jährige Pferde dürfen hier mit Wassertrense oder Bosal vorgestellt werden) und im Freizeitbereich

Das Bosal ist das Nasenteil der kalifornischen Hackamore. Dazu gehören die Mecate, ein langes, traditionell aus Pferdehaar geflochte-

nes Seil, das zu einer Zügelschlaufe und einem Führseil gebunden wird, und der Bosalhänger, der Genickriemen.

Das Bosal ist aus Rohhautstrings geflochten und ist ein Kunstwerk für sich. Es ist stark abzuraten, ein billiges Bosal anzuschaffen, da diese oft Kerne aus Schnur oder Drahtseil beinhalten, dadurch nicht richtig geformt werden können und das grob geflochtene Leder oft Scheuerspuren auf der Pferdenase hinterlässt. Die Balance und Geometrie des Bosals ist ebenso wichtig für die korrekte Funktion wie der Durchmesser und das Gewicht der Mecate.

Die korrekte Anwendung dieser Zäumung gehört in eine sehr erfahrene Hand und ist absolut nicht für Anfänger geeignet. Ein balancierter, zügelunabhängiger Sitz ist unabdingbar – und wenn man sich in genau diese Zäumung verliebt hat, kann man von einigen wenigen professionellen Trainern Hilfe bekommen.

Die Wirkungsweise ist komplex. Das Bosal kann, richtig angewandt, den Kopf des Pferdes sehr leicht in die gerundete Haltung bringen. Seitliche Einwirkungen, bei denen die Zügelhand zur Seite geht, sind nicht möglich, da sich das Bosal hier verkanten würde. Traditionsgemäß wurde das Bosal auch erst dann benutzt, wenn das Pferd schon eine gute Basis auf der Wassertrense hat.

Kolumbianisches Bosal

- **Ursprungsländer:** Kolumbien, Peru
- **Gebrauch:** beliebte Zäumung bei Gangpferdereitern, besonders von südamerikanischen Rassen, zum Einreiten von Jungpferden und im Freizeitreiterbereich

Diese Art von Zäumung besteht aus zwei Teilen: zum einen aus dem Kinnstück, der Barbada, und zum anderen aus dem Nasenstück, dem eigentlichen Bosal. Es gibt auch hier viele verschiedene Ausführungen aus Glattleder, Nylon, Metall oder unbehandeltem Leder. Die Breite des Nasenriemens kann frei gewählt werden – von Halfterbreite bis zur dünnen, gedrehten Rohhaut. Zudem gibt es Versionen mit Noppen (ursprünglich waren das sogar Holzkugeln) oder Stegen, die gegen den Nasenrücken drücken. Der Druck ist umso schärfer, je dünner, härter oder punktueller das Material ist. Der Kinnriemen, die Barbada, hat Extraringe für Zügel und kann eine Beizäumung des Pferdes bewirken. Es sollten dann in der Ausbildung immer vier Zügel verwendet werden – ein Paar am Bosal zum Lenken und Anhalten und ein Paar an der Barbada, um das Pferd im Idealfall durch ein leichtes Zupfen dazu aufzufordern, den Hals loszulassen.

Charlotte und ihr Oldenburger Oskar mit kalifornischer Hackamore. (Foto: privat)

Reiten nur auf dem oberen Zügel: Mangalarga Diadema (Dions Mutter).

Reiten mit vier Zügeln: Mangalarga Dion.

Wo und wie wirken gebisslose Zäumungen?

Die Wirkungsweise der verschiedenen Arten von Zäumungen ist sehr unterschiedlich. Zuerst sollte der Reiter generell die eigenen Fähigkeiten einschätzen – bezüglich einer ruhigen Hand, gutem Timing und sanften Hilfen.

Druck auf den Nasenrücken

▎ Alle gebisslosen Kopfstücke üben auf den Nasenrücken Druck aus.

Dieses Signal funktioniert gut bei ausgebildeten Pferden, die schon am Halfter gelernt haben, diesem Druck zu folgen. Meistens wird hier das Stopp-Signal eingeübt. Das bedeutet, dass der Druck direkt nach hinten ausgeübt wird.

Bei Zäumungen mit Hebelwirkung – beispielsweise mechanische Hackamore – kommt unter anderem ein deutlich stärkerer Druck auf den Nasenrücken, als der Reiter am Zügel spüren kann. Und je dünner und härter das Material ist, umso deutlicher und unangenehmer ist der Druck auf den Pferdekopf.

Man kann ein Extralammfell um das Nasenteil legen, wenn man den Druck mehr verteilen oder das Abscheuern der Haare verhindern möchte. Der weichere Druck stellt dann einen höheren Anspruch an das Gefühl und Timing des Reiters im Loslassen, da das Pferd leichter lernen kann, sich gegen das Signal zu lehnen, und eventuell durch konstanten Kontakt abgestumpft wird.

Seitlicher Druck am Maul

▎ Alle gebisslosen Kopfstücke üben seitlich am Maul Druck aus.

Dies ist das grundlegende, richtungsangebende Signal, und daher ist es wichtig, darauf zu achten, welcher Teil des Zaums dieses Signal geben wird. Metallteile, Knoten etc. verstärken den Druck, indem dieser auf eine kleinere Fläche verteilt wird. Bei Zäumungen mit seitlichen Hebeln, wie das Glücksrad oder die verschiedenen Formen der mechanischen Hackamore, sollte das Pferd schon so weit ausgebildet sein, dass es weitgehend einhändig geritten werden kann und auf Gewichts- und Schenkelhilfen wenden kann. Der Grund dafür ist, dass eine seitliche Einwirkung das Metallteil verdrehen und in die weiche Wange bohren kann.

Seitlicher Druck auf den Nasenrücken

▎ Besonders Kappzäume üben seitlichen Druck auf den Nasenrücken aus.

Das Signal, das den Nasenrücken des Pferdes in die richtige Position einlädt, kommt von einem Druck seitlich weiter oben am Nasenrücken, der dem Pferd helfen kann, im ersten und zweiten Halswirbel zu drehen und dadurch die innere Ganasche unter den inneren Atlasflügel rotieren zu lassen. Besonders bei einem festen Metallbügel über der Nase und dem Zügel im mittleren Ring, zum Beispiel bei einer Serreta, der spanischen Version des Kappzaums, ist dieser Druck sehr deutlich und scharf und sollte mit großer Vorsicht angewendet werden.

Seitlicher Druck an den Wangen und am Unterkiefer

> Bei Zäumungen mit gekreuzten Riemen, Bosal und Schnurhalfter entsteht seitlicher Druck an Wangen und Unterkiefer.

Durch gekreuzte Riemen, die schräg unter dem Unterkiefer verlaufen, kann ein Druck seitlich auf die Wangen ausgeübt werden. Bei allen anderen Zäumungen ist hier nur ganz geringer Druck vorhanden – man kann jedoch dem Pferd einen Gefallen tun und in diesem Bereich vorsichtig sein mit Knoten, schweren Schnallen und Dekorationen. Der gekreuzte Riemen drückt von außen an die Ganasche, die sich leicht nach innen verschiebt und das Pferd dadurch oft in Außenstellung positioniert.

Druck auf den Pferdekopf.

Bei Bosal (kalifornischer Hackamore) und Schnurhalfter kann durch die Zügelaufhängung unter dem Kinn des Pferdes und bei zu deutlicher seitlicher Einwirkung der Unterkiefer nach innen verdreht werden – das starre Bosal verkantet sich hier auch bei unsachgemäßer Anwendung.

Druck auf das Genick

> Alle gebisslosen Kopfstücke üben auf das Genick Druck aus.

Dieser Druck wird besonders stark bei Zäumungen mit Hebelwirkung und auch bei den Versionen mit den gekreuzten Riemen. Manche Hersteller beschreiben dies unter anderem als eine „Umarmung des ganzen Kopfes". Diese Umschreibung kann gutgläubigen Kunden weismachen, dass sich der Zügelanzug „liebevoll" anfühlen wird – und dadurch eventuell die Hemmung, am Zügel zu ziehen, herabsetzen.

Alle Zäumungen üben durch die Aufhängung des Nasenteils einen leichten Druck hinter den Ohren des Pferdes aus. Je schwerer das Nasenteil und – nicht zu vergessen – die Zügel sind, umso mehr Druck entsteht hinter den Ohren.

Druck von unten auf das Kinn oder den Unterkieferknochen

Bei Zäumungen mit gekreuzten Riemen und allen, die über Hebel- und Flaschenzugprinzipien wirken, entsteht Druck auf Kinn und Unterkieferknochen. Dieser Druck wird generell als Verstär-

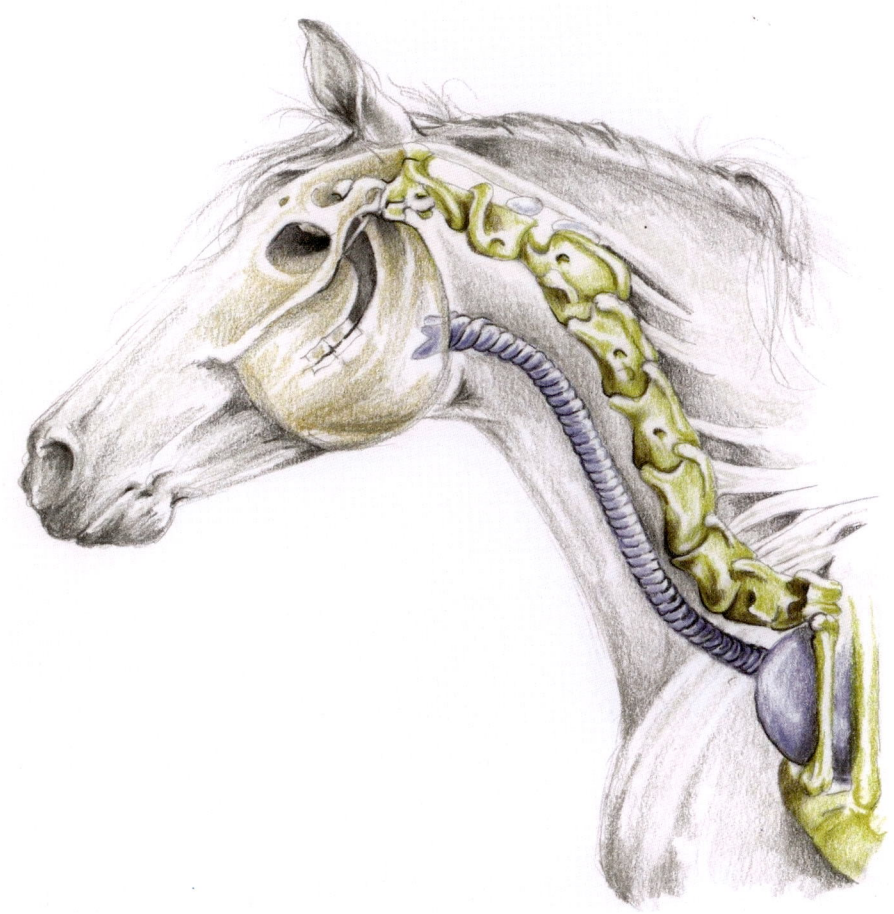

Die Luftröhre liegt dicht vor den Halswirbeln entlang der Unterseite des Halses. (Zeichnung: Susanne Retsch-Amschler)

kung des Signals gebraucht. Der Druck beträgt immer ein Mehrfaches im Vergleich zu dem Gewicht, das der Reiter fühlt.

Reiten mit Halsring

Das Reiten mit Halsring erfordert ein gut trainiertes Pferd – wenn wir gleichzeitig einen Einfluss zum Beispiel auf die korrekte Positionierung des Halses nehmen möchten.

Der Halsring drückt beim Annehmen durch den Reiter auf die Luftröhre, die vor den Halswirbeln dicht an der Unterseite des Halses entlangläuft. Daher ist es oberstes Gebot, dass der Ring oder die Schnur, die man um den Hals des Pferdes legt, niemals zu stark nach hinten oder oben gezogen wird.

Alle Signale am Halsring sind leichte Impulse, die durch geduldige Vorarbeit etabliert werden. Auf den Bildern ist zu sehen, wie wichtig ein gutes Fundament ist, damit sich das Pferd in einer gesunden Position loslassen kann.

Hier nur kurze Momente – wenn sich die Pferde jedoch in dieser Haltung längere Zeit bewegten, würden sie Rückenschmerzen bekommen.

So ist es besser!

Jetzt geht es los!

Individuelle Lösungen

Nach meiner Erfahrung sind die Vorlieben der Pferde total unterschiedlich – bei Gebissen wie bei gebisslosen Zäumungen –, und die des Reiters ebenso. Ganz simpel und einfach zum Ausprobieren ist das Stallhalfter – ist das Pferd gut trainiert, kann man es auch am Halfter reiten.

Je nach Geschmack kann man dann das Aussehen und die Wirkung anpassen, muss aber immer darauf achten, dass eine schärfere Wirkungsweise (mithilfe von Knoten, Noppen, Ketten, Zacken etc.; Hebelwirkung) nicht die vielen Stunden geduldiges Training ersetzen kann.

Welche Zäumung passt für mein Pferd?

Je empfindlicher das Pferd, umso weicher sollte die Zäumung sein!

Manchmal passiert leider das Gegenteil, da empfindliche Pferde oft auch heftig auf andere Eindrücke reagieren. Erschrecken sie beispielsweise, werden sie eher versuchen wegzurennen als unempfindliche Pferde. Dabei können sie sich auch einmal auf den Zügel legen. Denn die Motivation, von der „Gefahr" wegzukommen, ist höher ist als der Druck am Zügel. So kann der Reiter das Gefühl bekommen, dass das Pferd seine Signale am Zügel „ignoriert", und er erhöht den Druck – gegebenenfalls durch eine schärfere Zäumung. Die Lösung liegt hier aber wieder einmal im Zugang zum Training.

Wenn ein empfindliches Pferd eine scharfe gebisslose Zäumung aufgelegt bekommt, besteht die Gefahr, dass es überreagiert oder aus Frustration über den starken Druck gegen die Zäumung angeht. Im übertragenen Sinn wird das Pferd dann „angeschrien", wo es eigentlich mehr Training und Verständnis bräuchte.

Das Hochschrauben des Signals durch Druckverstärker hat auch den wohlbekannten Nachteil, dass das Pferd sich bald an den neuen stärkeren Druck gewöhnt und das Ganze von vorn anfängt. Hat man schon Hebel angeschraubt, muss man dann Hebelverlängerer konstruieren, danach Verlängerer für die Verlängerer – und so weiter, und so fort. Das ist also keine Lösung, sondern der verständige Reiter wird anstatt in die Herstellung von Verlängerern ins Training investieren. So haben Reiter und Pferd wieder Spaß an der gemeinsamen Zeit.

Der unempfindlichere Pferdetyp reagiert oft nicht so stark auf Eindrücke von außen und sieht auch oft die Einwirkungen des Reiters eher gelassen. Das bedeutet aber nicht, dass dieses Pferd den Druck nicht spürt oder gar schmerzunempfindlicher ist. Die Motivation dieses Pferdes zu reagieren, ist vielleicht heruntergesetzt durch frühere Erfahrungen im Training. Vielleicht ist es abgestumpft, weil der Druck sowieso nie verschwand, obwohl das Pferd versuchte, das Gewünschte zu tun.

Es ist so wichtig zu verstehen, dass die Bezeichnung „hart im Maul" nicht gleichgesetzt werden kann mit „spürt den Druck nicht (mehr)", sondern viel eher mit „ist nicht (mehr) motiviert". Wenn wir das verstanden haben, macht es viel mehr Sinn, die positive Motivation zu erhöhen und dem Pferd das Zusammenarbeiten wieder schmackhaft zu machen.

Also auch hier mein Tipp: Mit weicher Zäumung starten und die schärfere Alternative – zum Verfeinern der Hilfengebung, nicht zum

Dion und Ute frei am Boden.

Kontrollieren – erst verwenden, wenn die Signalreaktionen gut und stabil geworden sind.

SANFTHEIT
Sanftheit – lohnt sie sich? Ja, immer!
Wir dürfen uns von scheinbar schnellen
Erfolgen, die durch Einsatz von Gewalt
erzielt wurden, nicht blenden lassen.
Nuno Oliveira (1925–1989)

Welche Zäumung passt für mich?

Als Pferdebesitzer und Reiter muss man dann in sich gehen und genau definieren, was dem eigenen Bedarf und dem Trainingsstand des Pferdes am besten entspricht. Hat man die Wirkungswei-

sen verstanden, ist das Aussehen der Zäumung Geschmackssache, solange man es langsam angehen lässt und das Pferd gründlich vorbereitet und trainiert.

Die beschriebenen Zäumungen können alle für die unterschiedlichen Pferd-Reiter-Kombinationen gut funktionieren – wichtig ist zu wissen, was man will und welche Eigenschaften die Zäumung haben sollte, um die Reise zum individuellen Ziel zu erleichtern.

Gründliche Vorbereitung Schritt für Schritt

Alles fängt am Boden an
Wir schulden es unseren Pferden, die Ausbildung zum Reitpferd so sanft und gründlich wie

möglich zu gestalten. Ich denke, dass wir in der Grundausbildung eine Ausrüstung wählen sollten, die hilft, das Pferd weich zu dirigieren. Meine Philosophie ist, die Übungen ohne Gebiss einzuüben und später eventuell mit Gebiss zu verfeinern. Die Grundausbildung fängt sowieso immer gebisslos an – am Stallhalfter. Bereits im Fohlenalter kann das junge Pferd schon an einige Übungen gewöhnt werden. Bis jetzt habe ich aber noch nie beobachtet, dass jemand auf die Idee kam, einem Fohlen ein Gebiss ins Maul zu legen, um es führen zu können.

Eine gründliche Vorbereitung vom Boden aus ist unerlässlich – ob man mit oder ohne Gebiss reiten möchte. Das Pferd sollte unter allen Umständen alle Signale vom Boden aus erlernen und sicher ausführen können.

Ausrüstung für den Start

Keep it simple: Die schlichte Einfachheit wird manchmal komplett übersehen – oder gar nicht erst als Möglichkeit entdeckt. Jemand sagte mal zu mir: „Wenn du etwas nicht einfach erklären kannst, hast du es noch nicht wirklich verstanden."

Nachdem ich selbst viele Jahre lang fast nur mit Schnurhalftern gearbeitet habe, finde ich es befreiend, nicht länger von irgendeinem bestimmten Ausrüstungsgegenstand abhängig zu sein. Zu viele Ausbildungssysteme vermarkten gleichzeitig die eine richtige, optimale Ausrüstung – und dagegen ist auch nichts einzuwenden. Es ist auf jeden Fall lukrativ für den Erfinder. Ich möchte aber lieber Wissen und Gefühl vermitteln und die Menschen lehren, ihren eigenen

Saphir und Ute am See.

Irish Cob Saphir mit vier Zügeln: Caveçon und Wassertrense.

Körper und Geist als das wichtigste Werkzeug anzusehen und ihre Energie in die Ausbildung dieser Fertigkeiten zu legen.

Das Stallhalfter ist ein gutes, einfaches Werkzeug zum Anfang, kombiniert mit einer hellen oder weißen Bodenarbeitsgerte für sichtbare Signale. Hat der Reiter schon ein gutes Gefühl, können auch Schnurhalfter verwendet werden – unter Berücksichtigung des erhöhten Drucks auf den Nasenrücken.

Umstellung von Gebiss aufgebisslos

Bevor du dein mit Gebiss gerittenes Pferd ohne Gebiss reiten kannst, ist es sicher eine sehr gute Idee, ein paar Signale am Boden zu testen. Bei gut ausgebildeten, stabilen Pferden würde ich durchaus in den Sattel steigen, wenn das Pferd vom Boden aus auf beidseitigen Zügelanzug anhält, leicht rückwärtsgeht und sich rechts und links lenken lässt – also nach ein paar Runden auf dem Platz.

Zeigt das Pferd jedoch Zeichen von Signalverwirrung, hat Tendenzen, sich auf den Zügel zu legen oder sehr schreckhaft zu sein, und wirkt angespannt oder frustriert – dann werde ich einige Zeit länger mit der Vorbereitung verbringen, um das Pferd optimal vorbereiten zu können und ihm Zeit zu geben, sich zu entspannen. In der Übergangszeit ist es am einfachsten für das Pferd, wenn das gewohnte Signal das neue Signal erklären kann. Also brauchen wir vier Zügel, ein Paar am Gebiss wie gewohnt und ein Paar am Halfter oder Kappzaum.

Nach gründlicher Vorbereitung in den verschiedenen Führpositionen am Stallhalfter kannst du dann anfangen zu reiten. Sehr oft kann das Pferd die Bedeutung der Signale übertragen und wird leicht auf die Zügelhilfen am Halfter reagieren. Sollte eine Situation entstehen, in der das Pferd nicht reagiert, kannst du ruhig und sanft den Zügel am Gebiss einsetzen, um dem Pferd zu erklären, was gemeint war.

Mit viel Zeit geht es am besten – oft geht es erst dann schief, wenn der Reiter zu früh zu viel verlangt hat. Zum Beispiel ist es wichtig, auf einem Reitplatz und im Schritt anzufangen – und so lange dabeizubleiben, bis alles wirklich gut funktioniert. Es ist individuell sehr unterschiedlich, wie lange das dauert. Meine Kriterien für „gut funktionieren" sind:

- Das Pferd ist entspannt und aufmerksam bei der Sache.
- Das Pferd kann entspannt und weich auf das Signal (lenken, anhalten, rückwärtsgehen) antworten, ohne sich dagegenzulehnen und ohne davor zu flüchten.

- Diese Antwort kommt zuverlässig und fühlt sich stabil an.

Erst dann würde ich das Pferd in schnelleren Gangarten oder in anderen Umgebungen (Wald, Feld, Wiese, Straße) reiten. Es ist auch wichtig, immer nur eine Sache auf einmal zu verändern – also nicht am gleichen Tag zum ersten Mal in den Wald gehen und gleich galoppieren.

Nach und nach wird der Zügel am Gebiss „arbeitslos" und wir können diesen abnehmen und schließlich das Gebiss ganz weglassen. Dann hast du es geschafft. Denke daran, dich und dein Pferd zu feiern. Gratuliere!

Umstellen von gebisslos auf Gebiss

Der Vollständigkeit halber möchte ich kurz beschreiben, wie wir das gebisslos gerittene Pferd an ein Gebiss gewöhnen können. Kurz gesagt geht es hier darum, die Signale vorsichtig von der Außenseite des Kopfes auf das Maul zu übertragen. Für Pferde, die noch nie ein Gebiss im Maul hatten, ist es sehr wichtig, dass in der Eingewöhnungszeit keinerlei Druck auf das Gebiss gelegt wird.

Nach meiner Erfahrung ist für die meisten Pferde ein einfaches Trensengebiss völlig ausreichend. Der Vorteil liegt darin, dass wir nach der Umstellung das Pferd ohne Restriktion um die Nase reiten und ihm dadurch volle Bewegungsfreiheit im Kiefergelenk gewähren können.

Auch bei dieser Umstellung reitet man am besten eine Zeit lang mit vier Zügeln und geht langsam vom Signal auf dem Nasenrücken auf das Signal am Gebiss über: also der oben beschriebene Weg – nur genau umgekehrt.

Wie sag ich´s meinem Pferd?

Intention und innere Bilder

Es gibt verschiedene Möglichkeiten, unsere Wünsche und Ideen an unsere Vierbeiner zu kommunizieren. Wir können und sollten als Eingangssignal immer zuerst unsere Vorstellung einsetzen. Das bedeutet, wir lassen vor unserem inneren Auge ein Bild entstehen, das die Übung beschreibt. Ich stelle mir dabei das Pferd in der Übung vor. Danach versuche ich, das Gefühl der Übung in meinem eigenen Körper zu finden.

Das klingt ein bisschen mystisch, ist aber gar nicht so schwer: Wenn ich zum Beispiel das Pferd zum Losgehen animieren möchte, bewege ich meinen Schwerpunkt ein wenig in die gewünschte Richtung. Egal ob im Sattel oder am Boden – oft folgt das Pferd hier schon dem inneren Bild und der kleinen Bewegung meines Körpers. Pferde haben ein fantastisches Gespür für Richtungsintentionen, das bedeutet, sie wissen, wohin wir uns bewegen wollen.

Das hat sich in der Evolution sehr bewährt – sowohl in der Herde, beim gemeinsamen Fliehen und Richtungswechseln wie auch im Zusammentreffen mit einem Raubtier. Es gibt viele fantastische Bilder und Filme, wo zu sehen ist, wie zum Beispiel Zebras und Gazellen friedlich grasend an einer Gruppe Löwen, die satt und zufrieden daliegen, vorbeiziehen. Sogar an Wasserstellen kann man diese Tiere Seite an Seite trinken sehen. Das bedeutet, dass das Raubtier an sich keine Bedrohung darstellt. Erst wenn sich bei diesem die Intention verändert, die Körperspannung sich erhöht und die Richtung direkt auf das Beutetier zielt, dann flüchtet das Tier und rennt um sein Leben.

Das Gleiche gilt manchmal, wenn wir freundlich schlendernd durch die grasende Herde gehen, hier und da mal einen Pferdehals kraulen und alles ist friedlich – und dann kommt ein Reiter mit einem Halfter in der Hand, zielgerichtet, leicht gestresst und unter Spannung auf ein Pferd zu. „Jetzt hol ich dich", scheint er auszustrahlen, und das Pferd dreht sich um und geht weg. Unsere Intentionen, inneren Bilder und der Grad der Anspannung in unserem körpereigenen System können also größere Bedeutung für das Pferd haben als alle unsere ausgeklügelten Techniken.

Damit ist nicht gesagt, dass Techniken nicht ihren Platz haben – es ist auch wichtig, sich eine gute Basis des Handwerks anzueignen. Es ist jedoch ein guter Ausgangspunkt, sich bei unserer Zusammenarbeit mit dem Pferd eine „Dimmerfunktion" vorzustellen anstatt eines Schalters. Das bedeutet, dass wir uns sanfte Übergänge von der einen Situation oder dem einen Verhalten zu einem anderen wünschen. Alles abrupte Abbrechen, Losscheuchen und Ähnliches führt zu einer erhöhten Alarmbereitschaft beim Pferd und ist deshalb kontraproduktiv.

Unser Engagement

Bei allem, was wir tun, ist es entscheidend, wie sehr wir uns selbst ehrlich und vollkommen in das Projekt einbringen. Besonders das mentale oder gedankliche Engagement des Reiters ist ausschlaggebend – ebenso das emotionale. Worum wir das Pferd auch bitten – bevor es für das Pferd wichtig werden kann, muss es erst für uns selbst wichtig sein. Es ist von großer Bedeutung, nicht nur das Ziel zu „wollen", sondern auch den Weg dorthin – inklusive all der kleinen Schritte und Rückschritte in diesem Prozess.

ENGAGEMENT
Whatever we are asking of our horses, it
has to be important for us, before it can be
important to them.
Worum auch immer wir unsere Pferde
bitten, es muss uns wichtig sein, bevor es für
die Pferde wichtig sein kann.

Mark Rashid

Der Trend, immer schnell weiterzuzappen, wenn irgendetwas unangenehm, langweilig oder schwierig ist oder einfach nur lang anhaltenden Fokus und Motivation erfordert, ist auch im Pferdebereich zu erkennen. Wenn etwas nicht gleich funktioniert, wird das Pferd verkauft, der Reitlehrer ausgetauscht, Tierarzt und Hufschmied durch Kollegen ersetzt sowie die Trainingsmethode gewechselt. Aber nur wenn wir zur Stelle sind mit allen unseren Sinnen, können wir im Training erkennen, wie sehr sich das Pferd oft bemüht, pausenlos Verhalten anbietet und daher auf unser Feedback angewiesen ist.

Techniken und Signale

Wir können Signale gebrauchen, die das Pferd sehen, hören oder spüren kann.

Kontaktsignale

Wenn wir mit Kontaktsignalen arbeiten, spürt das Pferd eine Berührung und folgt dem Gefühl. Diese Form der Hilfengebung ist wichtig und sollte beständig verfeinert werden. Alle Zügel- und Schenkelsignale fallen in diese Kategorie – und auch unsere Gewichtshilfen. Auf der feineren Ebene können wir das Pferd veranlassen, einen Muskel oder eine Muskelgruppe

loszulassen, indem wir das in unserem eigenen Körper tun. Sehr oft habe ich zum Beispiel schon im Unterricht erlebt, dass das Pferd durchatmet, kurz nachdem der Reiter es tut, oder den Unterkiefer lockert und abkaut, wenn der Reiter aufhört, mit den Zähnen zu knirschen oder diese zusammenzubeißen.

Das Berühren kann verschiedene Varianten beinhalten wie ein Zupfen, Anklingeln, Vibrieren, Klopfen, Antippen, Drücken, Schieben, Touchieren, Ziehen, Zerren, Treten. Die letztgenannten, groben Formen der Berührung werden kein harmonisches Verhältnis zwischen Mensch und Pferd reifen lassen und gehören nicht hierher. Impulse machen das Pferd aufmerksamer als ein Dauerdruck, an den es sich gewöhnt oder an den es sich anlehnt.

Wenn das Pferd auf das Anlegen des Schenkels nicht reagiert, hat es keinen Sinn, länger und fester zu drücken. Eine bessere Lösung ist dann, das Signal in der Frequenz oder Intensität zu verändern oder aber mit anderen Signalen zu kombinieren.

Stimmhilfen

Wir können ein Stimmsignal geben und das Pferd so unterstützen, die gewünschte Handlung damit zu verbinden. Aufmunternde, antreibende Geräusche und Wörter können helfen, unsere eigene Energie im Körper zu mobilisieren und damit die des Pferdes. Ruhige, tiefe, lang gezogene Geräusche oder Wörter wirken wiederum entspannend und verlangsamend.

Nach meiner Erfahrung funktionieren Stimmhilfen nur, wenn der Mensch sehr diszipliniert damit umgeht, und sie verlieren für die Pferde sehr schnell an Bedeutung, wenn die Hilfe permanent im Hintergrund „lärmt" – wie zum

Saphir senkt den Kopf.

Beispiel, wenn der Reiter oder Longenführer unablässig schnalzt.

Manche Reiter geben sehr komplexe Aufforderungen in ganzen Sätzen an das Pferd weiter, so wie etwa: „Nein – wir gehen jetzt nicht zum Ausgang", gepaart mit verzweifeltem Zerren am Zügel in die entgegengesetzte Richtung. Eine viel bessere Formulierung wäre zum Beispiel: „Wir gehen weiter auf der rechten Volte im Schritt." Ich würde das nicht als Stimmhilfe anwenden, sondern eher als mentale Hilfe für den Reiter, der lernen soll, an das zu denken, was das Pferd tun, und nicht, was das Pferd sein lassen soll. Den Wortlaut würde das Pferd genauso wenig verstehen, aber der Reiter würde den Fokus darauf richten, was er gern möchte, und nicht, was er nicht möchte. Die Intention ist dann deutlicher und es wäre weniger Kräftemessen notwendig, wenn die Reiter das beachten würden.

DAMIT STATT DAMIT NICHT

Setze die Mütze auf, damit es schön warm ist – nicht: damit du nicht krank wirst. Beeile dich, damit du rechtzeitig ankommst – nicht: damit du nicht zu spät kommst. Negativformulierungen sind demotivierend und das „Nicht" bleibt dem Unterbewusstsein oft fremd. Stattdessen registriert es die Beschreibung dessen, was eigentlich nicht passieren soll. „Halt die Flasche gut fest", klingt also nicht nur positiver, es ist auch eindeutiger und hilfreicher als „Lass die Flasche nicht fallen".

Oft hören wir ein fortlaufendes „Uuund Trab ... Teeeee-rab ... Teeeee-rab! ... LUKAS! ... Teeee-ee-RAB!! ... Weiter! ... Weiter! ... Weiter! ... Nein, du gehst jetzt nicht Schritt! ... Nein ... ich habe gesagt, du sollst nicht Schritt gehen ... LUKAS! ... Teeeee-rab! ... Teeeee-rab! ..." Und so weiter. So einem Wörtergewirr kann kein Pferd folgen, und ich habe oft das Gefühl, dass viele Pferde dem Reden des Menschen keine große Bedeutung beimessen.

Einmal sah ich eine frustrierte Pferdebesitzerin sich vor ihrem Pferd aufbauen und hörte sie mit vorwurfsvoller Stimme sagen: „Wie kannst du mir das antun?" Das Pferd konnte

Gemeinsam frei.

zweifellos ihre Frustration spüren – bekam jedoch keinerlei Information, was es denn tun könnte. Pferde können jedoch den Tonfall und die Bedeutung von vielen verschiedenen Wörtern lernen und danach handeln, wenn sie gut trainiert sind. Das setzt nur viel Erfahrung und Disziplin des Trainers voraus. Ich habe einmal einen sehr gut trainierten Kaltbluthengst von einem Trainer gekauft, der dem Pferd beigebracht hatte, auf ruhige Stimmsignale rückwärts und seitwärts an die Wagendeichsel zu treten, zum Einspannen gelassen stillzustehen und dann, vorgespannt, auf Stimmsignal nach rechts und links zu wenden und entspannt und gehorsam anzuhalten.

Visuelle Signale

Bei der Bodenarbeit können wir das Pferd auf unsere Körpersprache aufmerksam machen und ihm beibringen, unsere Bewegungen nachzuahmen: Das Pferd sieht deine Bewegung und synchronisiert seine eigene damit.

Es ist sehr hilfreich, dass das Pferd, wenn wir beim Führen stehen bleiben, selbstverständlich auch anhält. Das Gleiche gilt für das Losgehen. Für Pferde ist das eigentlich einfach, da es ihrer Natur sehr entspricht, die Bewegungen in der Herde mitzumachen.

Wir können dadurch andere Signale einführen, die dem Pferd vielleicht schwerfallen – wie das Lostraben an der Hand verstärken durch unser eigenes Antraben. Sehr effektvoll ist auch das visuelle Signal zum Angaloppieren an der Longe, wobei der Longenführer selbst einen kleinen Galoppsprung vollführt. Das lädt zum Nachahmen ein und kann dazu führen, dass das Pferd später lernt, auf ein Peitschensignal oder Stimmsignal

hin anzugaloppieren. Das Anheben und Vibrieren mit der Gerte neben dem Pferd ist ebenfalls ein visuelles und sehr effektives Signal.

Welche Signale in welcher Situation?

Wenn wir mit den verschiedenen Signalen gearbeitet und dem Pferd beigebracht haben, darauf zu reagieren, haben wir mehr Möglichkeiten geschaffen, in einer eventuellen Notsituation dem Pferd verständliche Hilfen geben zu können. Wie bei allem Training ist es wichtig, die guten Versuche des Pferdes mit Pausen und Lob zu belohnen.

Die Antwort auf den Kontakt am Zügel ist besonders relevant. Stimmhilfen können hinzugefügt werden, aber nicht allein stehen. Zu oft treffe ich Reiter, die fest daran glauben, dass das Pferd anhalten wird, wenn sie „Hooo", „Haaaalt" oder „Steeeeeh" sagen. Das funktioniert sicher auch sehr oft zu Hause – jedoch nicht unbedingt unter Umständen, wo das Pferd abgelenkt, verwirrt oder gestresst ist. Um dem Pferd in diesen Situationen sicher helfen zu können, ist es erforderlich, ihm die Kontaktsignale am Zügel und am Schenkel im Training zu Hause freundlich, gründlich und unmissverständlich zu erklären.

Übungen am Boden

Akzeptieren von Berührungen

Das freundliche Berühren am ganzen Körper ist für manche Pferde angenehm und für andere schon eine Herausforderung. Das Akzeptieren der Berührung ist immer der Anfang einer Lektion – das heißt, wenn das Pferd sich von einer freundlichen Berührung zurückzieht, dann muss ich aufhören und herausfinden, was das Pferd mir zu sagen versucht. Die mancherorts angewandte pauschale Methode, das Pferd dieser Berührung weiter auszusetzen, bis es aufgibt auszuweichen, zeugt von wenig Gefühl und Verständnis. Vielleicht hat das Pferd Schmerzen oder findet die Berührung einfach nicht angenehm. Dann muss ich entweder die Ursache der Schmerzen beseitigen oder die Berührung angenehmer (vielleicht sanfter oder fester, weicher, ruhiger etc.) machen, damit das Pferd sie leichter akzeptieren kann.

Nicht übertreiben: Für Dion ist das okay, doch nicht alle Pferde mögen so eine enthusiastische Umarmung.

Ein graduelles Vorgehen ist geprägt von einem verständnisvollen Dialog zwischen Pferd und Mensch, wobei das Pferd langsam und freundlich an Berührungen, Geräusche oder Bewegungen gewöhnt wird. Die vom Pferd unerwünschte Berührung wegzulassen ist keine Lösung, da unser Pferd eine Behandlung durch einen Tierarzt brauchen könnte oder es zum Beispiel eine kleine Verletzung hat, die gereinigt werden muss.

Bei der Gewöhnung an Bewegungen und Geräusche kann man ähnlich vorgehen. Alle Pferdebesitzer können und sollten das selbst mit ihrem Pferd trainieren – und lernen, im Kleinen anzufangen. Reagiert das Pferd sehr stark, müssen wir es eben noch einfacher machen!

Ich hatte einmal eine Irish-Cob-Stute im Unterricht, die auf Plastik ausgesprochen panisch reagierte. Besonders das knisternde Geräusch erschreckte sie sehr. Wir wollten ihr gern beibringen, unerschrocken über eine Plastikplane zu gehen. Da wir jedoch an der dänischen Westküste kaum Tage ohne Wind haben, war diese Herausforderung zu groß und wir mussten kreativ denken. Alle Versuche der Besitzerin, sich ihrer Stute mit Plastik zu nähern, schlugen fehl.

Wir ließen dann über ein paar Lektionen die Stute nur dem Plastik folgen. Dazu gingen wir mit einer Tüte immer vor ihr her, bewegten uns quasi von ihr weg. Doch sobald wir versuchten, sie damit zu berühren, kam die Panik wieder. Dann bat ich die Besitzerin, beim Striegeln in den nächsten Tagen eine kleine Plastiktüte zusammengeknüllt in der Hand zu halten und das Pferd damit zu „bürsten". Das führte dazu, dass wir die Stute langsam an das Geräusch in der Nähe und den Kontakt mit ihrem Körper gewöhnen konnten. Ich denke, dass viele Menschen in diesen Situationen zu schnell vorgehen und dann zu schnell aufgeben. Manchmal dauert es eben länger – und wir haben doch schließlich Zeit, oder? Je entspannter wir an die Aufgabe herangehen, umso schneller löst sich die Spannung auch beim Pferd. Halten wir fest an unserer eigenen Frustration und meckern das Pferd an, wenn es erschrickt, gibt das selten positive Resultate.

Nützliche Führpositionen fürs Grundtraining

Erste Führposition: Von A nach B

Neben dem Kopf, nicht neben der Schulter, ist eine gute Position.

Gehe neben der Nase des Pferdes und übe hier erst einmal Anhalten und Losgehen. Halte eine Armlänge Abstand vom Pferd:

- Nimm die Gerte als Hilfsmittel, um ein deutlich sichtbares Stoppsignal zu geben – bewege die Gerte circa einen Meter vor dem Pferd hoch und runter.
- Lade das Pferd ein, dir zu folgen, indem du deine Hand mit dem Führstrick nach vorn führst und eventuell das Pferd hinter deinem

Rücken mit der Gerte an den Rippen leicht antippst.

- Übe in Achten zu gehen, bei denen du abwechselnd auf der inneren Seite der Biegung gehst und dann die Richtung wechselst und das Pferd ein wenig von dir wegschiebst. Jetzt gehst du eine Runde auf der äußeren Seite der Volte. Das lernt das Pferd oft ganz schnell, wenn du deine Hand (die, die am dichtesten am Pferd ist) anhebst, den Handrücken nach oben drehst und mit der Handkante sanft Kontakt mit dieser Seite des Pferdekopfs aufnimmst.

Handsignal zum Abbiegen.

- Wenn der Kontakt hergestellt ist, schiebst du die Hand langsam zur Seite, als wolltest du einen Schwimmzug machen. Die meisten Pferde reagieren unglaublich gut auf dieses Signal, nehmen den Kopf und danach die Schulter mit zur Seite. Es ist wichtig, dass du selbst abbiegst und auf das Pferd zugehst. Weicht das Pferd nicht zur Seite, versuche entschlossener abzubiegen und den Kopf des Pferdes von dir wegzuschieben. Du kannst auch eine Gerte in die Hand nehmen und damit schieben oder eventuell leicht vibrierend die Nase antippen.

- Achte darauf, dass du bei der Acht abwechselnd ein wenig langsamer als das Pferd gehst, wenn du innen bist (hier hast du den kürzeren Weg), und ein wenig schneller, wenn du außen gehst (hier hast du den längeren Weg), damit das Pferd im gleichen Takt und Rhythmus weitergehen kann.

- Wenn Losgehen, Anhalten und Nach-rechts-und-links-Lenken gut funktionieren, dann bitte das Pferd nach dem Anhalten, einen Schritt rückwärtszutreten. Führe dazu die Gerte vor die Brust des Pferdes, gib ein vibrierendes Signal, indem du es antippst. Reagiert das Pferd nicht, nimm den Zügel ein wenig an, um dem Pferd das neue Signal zu „erklären". Als Resultat sollte das Pferd nach kurzem Training in der Lage sein, auf deine Einladung hin anzutreten und auf dein Gertensignal hin anzuhalten und ein paar Schritte flüssig rückwärtszutreten.

- Funktioniert das alles gut – dann wechsle die Seite und wiederhole alles von der anderen Seite. Pferde und Menschen haben eine gute und eine sehr gute Seite und beide bevorzugen natürlich, die sehr gute Seite zu gebrauchen. Um so symmetrisch wie möglich zu agieren, ist es wichtig, dass wir uns gleich oft auf beiden Seiten des Pferdes befinden.

Resultat: Diese Position hilft uns, harmonisch von A nach B zu kommen – ohne Kräftemessen und blau getrampelte Zehen.

SYMMETRIE

Die Symmetrie in der Bewegung des Pferdes spielt eine große Rolle. Beim Dressurreiten wird es am deutlichsten, ob sich das Pferd auf beiden Volten unterschiedlich leicht biegen lässt und die Balance halten kann. Von daher ist etwas Dressurarbeit unerlässlich für die Gesundheit aller Reitpferde. Lassen wir dies außer Acht, wird das Pferd früher oder später durch Überbelastung der einen Seite einen Schaden davontragen.

Genauso wichtig ist jedoch unsere eigene Symmetrie. Wenn wir konsequent alle schweren Arbeiten nur mit der rechten Hand erledigen, wird unsere rechte Seite stärker und kürzer als die linke. Ein Muskel, der arbeitet, verkürzt sich, und wenn wir ihn nicht immer wieder ausstrecken, wird er langsam immer kürzer und stärker. Wir werden schief!

Ich hatte vor einigen Jahren Schwierigkeiten, meinen Irish Cob im Linksgalopp anspringen zu lassen. Auf mehreren Kursen bekam ich alle möglichen Ratschläge und versuchte auch zu Hause verschiedene Strategien, um ihm die Aufgabe leichter zu machen – alles nur mit wenig Erfolg. Bis ich zu einer Osteopathin kam, die meine linke Hüfte ausrichtete. Wieder zu Hause, setzte ich mich auf mein Pferd und bekam traumhafte, leichte, lockere Linksgalopp-Ansprünge in Serie.

Seitdem versuche ich, meinen Körper im Alltag so symmetrisch wie möglich zu gebrauchen. Ausmisten, Stall kehren, Futter anrühren – das dauert erst mal um einiges länger, wenn man es mit der ungewohnten Hand macht. Das Gleiche gilt für die Feinmotorik, zum Beispiel beim Zähneputzen mit der ungewohnten Hand. Ausprobieren lohnt sich! Wenn uns die anfallenden Arbeiten fast genauso leichtfallen – egal, welche Seite wir benutzen -, dann sind wir schon ganz schön weit.

Hals strecken.

Zweite Führposition

Hier gehst du rückwärts vor dem Pferd her und hältst die Gerte zwischen dem Pferd und dir. Zum Anhalten kannst du ein Signal am Zügel mit einem visuellen Signal mit der Gerte kombinieren. Kannst du auf einen leisen Wink mit der Gerte anhalten und das Pferd rückwärtstreten lassen?

Jetzt kannst du deinem Pferd beibringen, entspannt still zu stehen: Lasse deine Hand und deinen Arm am Führseil nach unten sinken, lasse los in deiner Schulter, Ober- und Unterarmmuskulatur und gib einen leichten Impuls nach unten.

Sobald das Pferd dem Impuls folgt und den Hals ein wenig senkt, lobe es und gib ihm eine kurze Pause. Falls es dem Pferd noch schwerfällt, stehen zu bleiben, dann gehe eine Runde mit ihm, anstatt es zu zwingen. Das Stehenbleiben lernt das Pferd am schnellsten, wenn wir am Anfang nur kurz stehen bleiben, loben und weitergehen und dann langsam die Zeitspanne erhöhen. Sobald sich das Pferd wohlfühlt, atmet und sich entspannt, ist das ruhige Stehen gar nicht schwer. Solange das Pferd noch den Atem anhält und

Vor dem Pferd rückwärtsgehen.

Hinterhand bewegen.

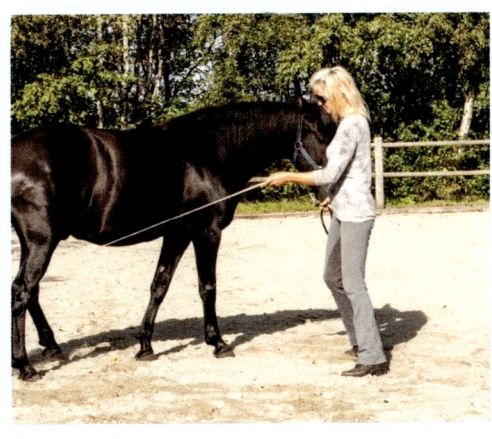

sich verspannt, ist es oft sowieso besser, wenn wir noch ein bisschen weiter Schritt gehen.

Wenn du in dieser Position anhalten, rückwärtstreten und gerade Linien gehen kannst, dann nütze die gute Übersicht über das ganze Pferd und beginne, das Pferd auf gebogenen Linien zu formen. Um dies einfach zu beginnen, kannst du erst nur die Hinterhand des Pferdes von dir wegbewegen, indem du das Hinterbein mit der Gerte antippst, gleichzeitig einen Kontakt am Führzügel aufbaust und das Pferd sanft zu dir hinbiegst.

Stoppe mit dem Signal und lobe das Pferd, sobald es den ersten Schritt versucht. Gehe dann in der Position im Schritt auf eine Volte und vergrößere die Volte, indem du mit der Gerte die Schulter von innen antippst und selbst mit zur Seite gehst: Lasse das Pferd ein wenig nach innen schauen und lege die Gerte anstelle des inneren Schenkels hinter die Schulter des Pferdes.

Resultat: Diese Position hilft dir, deinem Pferd Folgendes beizubringen: Abstand halten, rückwärtstreten und geparkt stehen bleiben. In vielen Situationen, so wie etwa beim Besuch vom Schmied oder Tierarzt, stehen wir direkt vor dem Pferd und erwarten, dass es sich hier behandeln lässt, unsere Signale wahrnimmt und darauf antwortet. Darüber hinaus hilft dir diese Position beim Vorwärts-abwärts-Strecken des Halses und dem Stellen und Biegen auf dem Zirkel.

Dritte Führposition

Diese Position eignet sich eigentlich nur für schmale Passagen, Türen, Eingänge und anderes. Du bringst hier deinem Pferd bei, hinter dir zu bleiben, um durch eine Tür gehen zu können, wo es keinen Platz für euch beide nebeneinander

gibt. Kommt dein Pferd zu dicht oder überholt es, halte an und lasse es rückwärtsgehen, bis es in die erwünschte Position kommt.

Resultat: Diese Position hilft dir, sicher durch Türen und schmale Durchgänge (Brücken, Pfade, Korridore etc.) zu kommen.

Vierte Führposition

Jetzt gehst du mit einer Gertenlänge Abstand neben deinem Pferd her. Deine Gerte kann auf dem Rücken des Pferdes liegen oder diesen freundlich abstreichen. Sollte das Pferd stehen bleiben, kannst du es durch ein leichtes Antippen mit der Gerte auf der Hinterhand zum Losgehen veranlassen. Dein Pferd ist quasi „eingerahmt" zwischen Führseil und Gerte.

Dritte Führposition: Wir simulieren eine schmale Passage.

Du kannst die Schulter des Pferdes von dir weghalten, indem du die Gerte hoch und runter wippen lässt, während du auf die Schulter zeigst. Wippe mit mehr Energie, wenn das Pferd die Schulter nach innen schiebt, sodass die Gerte ein schwirrendes Geräusch macht, und tippe eventuell die Schulter an. Wenn das Pferd dann die Balance noch nicht wiedergefunden hat, gehe wieder in die zweite Führposition zurück und übe das Biegen und die Bewegung der Schulter hier noch einmal.

Wenn du dein Pferd dann auf eine Zirkellinie um dich herumgehen lassen kannst, ist es leicht, das Führseil immer länger werden zu lassen, bis du eine Longe verwenden kannst. Auf diese Art und Weise zeigen wir dem Pferd den Zirkel und nehmen dann mehr und mehr Abstand ein, anstatt das Pferd von uns wegzuscheuchen.

In der vierten Position durch den Engpass.

Resultat: Diese Position hilft dir – zusammen mit der zweiten –, richtig mit dem Longieren zu beginnen, und gibt dir die Möglichkeit, dein Pferd selbstständig über verschiedene Hindernisse gehen zu lassen, wie zum Beispiel Plastikplane, Wippe, Podest oder auch in den Pferdehänger. Auch zum Führen von Jungpferden ist diese Position sehr nützlich, da du dem Pferd mehr Platz geben und es auffordern kannst mitzukommen, ohne am Führseil zu ziehen.

Fünfte Führposition

Jetzt verwendest du zwei Zügel anstelle von einem Führseil. Du kannst ganz normale Zügel an dein Stallhalfter schnallen oder auch dein Kopfstück mit einer gebisslosen Zäumung (ohne Hebelwirkung) verwenden. Die Zügel liegen rechts und links vom Hals des Pferdes. Du stehst hinter der Schulter und hältst die Zügel rechts und links vom Widerrist. Ist dein Pferd dafür im Vergleich zu dir zu groß, dann benutze längere Zügel und lege den äußeren Zügel über den Widerrist in deine Hand.

Mithilfe der Gerte, mit der du dein Pferd leicht antippen kannst, forderst du es auf anzutreten, und gehst dann neben ihm her. Jetzt kannst du rechts und links lenken, als ob du reiten würdest. Das Von-dir-weg-Lenken kann am Anfang für das Pferd schwierig zu verstehen sein – hier kannst du mit der Gerte ein unterstützendes Signal geben. Dieses Signal hat das Pferd schon in der ersten Führposition gelernt. Oft reicht ein Bewegen der Gerte neben der Nase des Pferdes völlig aus, manchmal tippe ich diese auch leicht an. Zum Anhalten hebst du beide Zügel an. Oft braucht das Pferd am Anfang ein wenig mehr Stütze am äußeren Zügel, damit es nicht versucht, sich nach innen zu drehen.

Hinter der Schulter und dicht am Pferd.

Sechste Führposition: Synchron mit den Hinterbeinen.

Der Zügel wird auf die andere Seite des Pferdes gelegt.

Die linke Hand hält das Ende am Halfter, die rechte legt das Seil um die Hinterhand.

Die linke Hand lässt los und schiebt den Kopf des Pferdes zur Seite.

Langsam das Seil „einholen", dabei etwas rückwärtsgehen.

Das Pferd dreht sich herum und folgt dem Zügel.

Resultat: Diese Position hilft dir, deinem Pferd gute, positive Reaktionen auf ein- und beidseitige Zügelhilfen beizubringen.

Sechste Führposition

Die Position ist ähnlich wie die fünfte – nur gehst du statt hinter der Schulter neben der Hüfte oder neben den Hinterbeinen des Pferdes. In dieser Position kannst du dein Pferd in der Arbeit am langen Zügel schulen, wenn du das möchtest. Wenn das Pferd auf den äußeren Zügel gut reagiert, kannst du, neben dem Hinterbein hergehend, die Zügelhände vor deinem Bauchnabel tragen. Du kannst hier schon im Schritt die Seite wechseln – übe das jedoch erst mal im Stillstand.

Resultat: Diese Position hilft dir, mit beiden Zügeln führen zu können und später das Pferd weiter dressurmäßig zu schulen, wenn du zum Beispiel nicht reiten kannst oder möchtest.

Siebte Führposition

Das Fahren vom Boden: Deine Position ist hier hinter dem Schweif des Pferdes. Um dort sicher gehen zu können, ist es wichtig, dass du dein Pferd mit verschiedenen Berührungen, Bewegungen und Geräuschen vertraut gemacht hast. Gehe lieber langsam vor, damit du nicht plötzlich entdeckst, dass dein Pferd das Geräusch deiner Regenjacke direkt hinter sich nicht so toll findet.

Um das Pferd auf die Berührung der langen Seile an seiner Seite vorzubereiten, kannst du folgende Übung zuerst machen: Lege ein Seil mit einer Länge von ungefähr vier Metern von der dir abgewandten Seite über den Rücken des Pferdes. Lasse das Seil die ganze Zeit weich etwas hin und her gleiten, sodass das Pferd genau weiß, wo es sich befindet. Erst wenn das Pferd die Berührung ruhig akzeptiert, legst du das Seil langsam immer weiter nach hinten. Zuletzt liegt das Seil um die Hinterhand des Pferdes und du hast immer noch beide Enden in deinen Händen. Lass das Seil wiederum ein wenig hin und her gleiten und schiebe dann den Kopf des Pferdes mit einer weichen Bewegung mit deiner Hand von dir weg. Dabei lässt du gleichzeitig das Ende vom Seil los, das am Halfter befestigt ist. Das andere Ende hältst du hoch und gehst langsam rückwärts vom Pferd weg. Die Bewegung, die du durch das Wegschieben initiiert hast, wird das Pferd meist veranlassen anzutreten, sich um die

Jetzt können wir „losfahren"!

Siebte Führposition im Gelände: Dion lernt vorauszugehen.

Über-Gräben-Springen macht Spaß – wenn das Pferd gelernt hat, mitzukommen und Abstand zu halten.

eigene Achse zu drehen und dabei aus dem Seil auszuwickeln. Diese Übung hilft dem Pferd, sich an das Gefühl des Seils an der Körperseite zu gewöhnen, und auch, sich am Zügel von dir weglenken zu lassen.

Wenn das gut in beide Richtungen funktioniert, kannst du beide Seile einhängen. Fange wieder damit an, die Seile ruhig um das Pferd herumzubewegen, bis dein Pferd damit völlig einverstanden ist.

Dann könnt ihr losgehen. Jetzt verschwindest du schon ganz aus dem Sichtbereich deines Pferdes, genau so, als wenn du auf ihm sitzt. Daher finde ich diese Position hilfreich vor dem Einreiten. In den allerersten Lektionen habe ich zwei getrennte lange Seile, die ich rechts und links in ein Stallhalfter einhake. Da das Pferd die sechste Position schon kennt, starte ich da, gehe dann kurz hinter den Schweif und komme wieder an die Seite zurück. Persönlich mag ich am liebsten getrennte Zügel, zwischen denen ich hergehe. Das ist aber Geschmackssache. Am Anfang würde ich die Zügel nur ganz einfach an

den Seiten des Pferdes haben wollen. Später und für andere Zwecke kann man einen Fahrgurt mit Ringen für die Zügel verwenden oder aber die Seile durch die Steigbügel eines Sattels ziehen – die Bügel sollten hierzu unter dem Bauch des Pferdes mit einer Schnur oder einem Riemen verbunden werden. Das funktioniert am besten mit einem Westernsattel, da sich das Seil in den Ecken der englischen Steigbügel leicht verkanten kann.

Jetzt kannst du mit deinem Pferd losgehen, anhalten, rechts und links abbiegen und Rückwärtsrichten üben. Du kannst auch ein paar Kegel aufstellen und im Slalom gehen. Eine weitere Idee ist zu versuchen, das Pferd durch einen Engpass zu „fahren".

Resultat: Dein Pferd lernt vorauszugehen ohne visuelle Unterstützung durch deine Person.

Erweiterung der Kompetenz

Im Gelände
Wenn eine Führposition gut auf dem Platz funktioniert, kannst du dich und dein Pferd testen, indem du in derselben Position ins Gelände gehst. Lange Spaziergänge in verschiedenen Positionen und mit eingeflochtenen Aufgaben und Übungen tragen dazu bei, dass dein Pferd und du ein Gespür füreinander bekommt und du die Reaktionen deines Pferdes in verschiedenen Situationen kennenlernst, bevor du dich auf seinen Rücken schwingst.

Ich finde Spaziergänge ab einem bestimmten Trainingslevel sehr sinnvoll und bereichernd und gehe viel mit meinen Pferden zu Fuß spazieren – auch mit den gerittenen Pferden. Oft

Dion geht in der vierten Führposition durch einen See.

steige ich im Wald ab und gehe ein bisschen nebenher. Dann ist es schön zu erleben, wenn das Pferd sich ganz selbstverständlich mit weichen, freundlichen Signalen dirigieren lässt. Solange das Pferd jedoch noch nicht gelernt hat, Abstand zu halten, auf leichte Signale anzuhalten und loszugehen, kann ein Spaziergang mehr Schaden anrichten, als dass er gut ist.

Das Pferd wird außerhalb der gewohnten Umgebung oft von den vielen neuen Eindrücken überwältigt. Diese Impressionen übertönen die Signale des Menschen teilweise, und das kann dazu führen, dass dieser „lauter" und deutlicher in der Hilfengebung wird, als es zu Hause nötig gewesen wäre. Dies ist natürlich auch zu einem späteren Zeitpunkt im Training des Pferdes nicht ausgeschlossen – aber je besser das Grund-

training schon etabliert ist, umso leichter fällt es dem Pferd, die Signale des Menschen wahrzunehmen und darauf einzugehen.

Agility und Simulation

Eine stabile, verlässliche Reaktion auf ein weiches Signal muss erarbeitet werden und kann danach graduell in gestellten „gefährlichen" Situationen gefestigt werden. Zum Beispiel kann man ein von verschiedenen Richtungen kommendes Fahrzeug simulieren oder durch einen Helfer etwas über den Boden schleifen lassen – etwa einen Sack mit Dosen oder eine Plastikplane. Auch Agility und verschiedene Bodenhindernisse testen und verbessern die Kommunikation zwischen Pferd und Reiter wesentlich – darüber gibt es viele Bücher, von denen du inspiriert werden kannst.

Wenn es nicht funktioniert

Horse behavior that people consider
disrespectful, always goes back to
what someone taught the horse.
Was Menschen als respektloses Verhalten
von Pferden ansehen, geht immer auf
etwas zurück, was jemand dem Pferd
beigebracht hat.

Mark Rashid

VERSTÄNDNIS ENTWICKELN

Viele Dinge, die wir schon lange Zeit tun, können wir automatisch abrufen, und daher fällt es uns manchmal schwer, Geduld und Verständnis aufzubringen, wenn andere Wesen – zwei- oder vierbeinige – diese (doch so leichte!) Aufgabe nicht gleich so gut oder so schnell ausführen können wie wir selbst. Dafür ist es sehr hilfreich, wenn man sich selbst öfter mal in die Situation bringt, etwas ganz Neues zu lernen. Oder man kann eine gewohnte Sache (zum Beispiel Zähneputzen oder Ausmisten) mit der anderen Hand tun – das kann ganz schön nerven und Frustrationen hervorrufen, weil es nicht so schnell geht oder wir (noch) kein Gefühl für diese Bewegung entwickelt haben. Genauso geht es unserem Schüler gerade – egal, ob es unser Pferd ist, das vielleicht einen Seitengang lernen soll, oder unser Kind, das im Haus helfen soll. Je frischer unser eigenes Erlebnis als Schüler einer ganz neuen Disziplin oder mit der unroutinierten Hand in unserer Erinnerung ist, umso besser können wir Zeit geben, warten, atmen und lächeln – genau so, wie wir es von unserem Lehrer wünschen würden, wenn wir selbst etwas nicht gleich verstehen.

Eigenverantwortung

Gerade war ich auf einem Kurs, wo die Instrukteurin eine Teilnehmerin, die mit einem bestimmten Verhalten ihres Pferdes sehr unzufrieden war, fragte, wer denn das Pferd normalerweise reite. Auf die Antwort hin, dass sie selbst das Pferd reite, sagte die Lehrerin freundlich, aber eindringlich: „Dann hast du ihm das beigebracht."

Interessant!

Die erste und wichtigste Reaktion, die wir uns aneignen sollten, ist, uns zu wundern. Einfach anhalten und uns fragen, was eigentlich los ist. Eine meiner sehr inspirierenden Lehrerinnen, Dr. Stephanie Burns, brachte uns bei, wenn etwas im Training nicht funktioniert, anzuhalten, den Zeigefinger ans Kinn zu legen und mit schräg gelegtem Kopf laut „Interessant!" zu sagen. Genialerweise bringt diese kleine Geste unser Bewusstsein genau in den optimalen Zustand, um eine gute Lösung zu finden – interessiert und untersuchend anstatt frustriert oder starrköpfig.

Abwehrverhalten oder Konfliktverhalten

Am Beispiel einer Situation, die oft zum Konflikt zwischen Pferd und Reiter führt und auf Missverständnissen basiert, will ich deutlich machen, wie leicht man unabsichtlich seinem Pferd unerwünschtes Verhalten beibringen kann: Wir wissen, dass Pferde das Verhalten wiederholen, das den Druck verschwinden ließ. Wenn ein Reiter beispielsweise mit steifen Händen und Armen

Mangalarga Dion und Kater Yukon.

den Zügel festhält und das Pferd sich deswegen verwirft oder den Kopf schüttelt, wird es erleben, dass der Druck kurzzeitig verschwindet, und daher davon ausgehen, dass es das „richtige" Verhalten gefunden hat. Nach nur ungefähr fünf Wiederholungen oder ähnlichen Erlebnissen kann ein Verhalten schon gut etabliert sein. Mancher Reiter denkt dann, dass das Pferd nicht arbeiten wolle oder gegen das Signal ankämpfe, und manchmal wird angenommen, dass ein deutlicheres, schärferes Signal das Problem lösen könnte. In Wirklichkeit kämpft das Pferd nicht gegen das Signal an, es bietet einfach ein (vom Reiter unerwünschtes) Verhalten an, das ihm – unabsichtlich – vom Reiter beigebracht wurde. Die einzige haltbare Lösung in dieser Situation ist die Ausbildung des Reiters, der den Zusammenhang verstehen lernen und danach an seiner Zügelführung arbeiten muss, die wiederum eng mit der Atmung und der gesamten Körperspannung verbunden ist.

Um den Reiter auf die Wurzel des Problems aufmerksam zu machen und auch dem Pferd ein anderes Erlebnis zu geben, kann mit großem Vorteil eine Zäumung verwendet werden, die den Druck an andere Stellen am Kopf legt. Dadurch bietet das Pferd das alte Konfliktverhalten, das mit dem ursprünglichen Signal verbunden war, gar nicht erst an und eine Umschulung ist für beide Beteiligten einfacher. Das Wechseln der Zäumung darf aber nicht als alleinige Maßnahme stehen – die Ausbildung des Reiters wird immer eine große Rolle spielen.

Das Eskalieren von Druck

Eine oft angewandte Lösung ist, dass der Druck stärker wird, wenn das Pferd nicht reagiert. Daher wählen leider immer noch viele Reiter schärfere Gebisse, wenn das Pferd nicht auf die Trense reagiert, oder eine gebisslose Zäumung mit

Hebeln, längeren Hebeln, Knoten, Noppen, Ketten und anderem.

Das Gleiche gilt für die Erhöhung, das Eskalieren des Drucks im Training. In vielen Fällen hat das Pferd vielleicht die „leise" Aufforderung nicht gehört oder nicht verstanden – das gibt uns kein Recht, deswegen plötzlich loszubrüllen. Auch das langsame Steigern des Drucks in Stufen kann fatal im Training sein, wenn der Mensch nur das gewünschte Verhalten im Kopf hat und nicht sehen kann, dass das Pferd überhaupt nicht versteht, worum es geht. Diese Methode geht manchmal davon aus, dass ein Pferd, das auf Druck nicht reagiert, respektlos sei und daher mehr Druck braucht.

In manchen Fällen kann es nützlich sein, wenn wir uns deutlicher bemerkbar machen. Problematisch ist nur, wenn dies unsere Standardantwort ist auf alles, was nicht funktioniert. Dann agieren wir wie in dem im Vorwort genannten Zitat: „Wer als Werkzeug nur einen Hammer hat, für den sieht jedes Problem wie ein Nagel aus."

Manchmal ist der anfängliche Druck schon zu hoch und die Lösung wäre zu deeskalieren, das heißt, mit leichterem Druck zu arbeiten. Ich habe oft erlebt, dass diese Strategie bei vielen verschiedenen Pferdetypen sehr gut funktioniert.

Don't make the wrong thing difficult because it's already difficult for the horse – it doesn't have to be more difficult. Make the wrong thing less stressful so the horse can work its way through it.

Mache nicht das falsche Verhalten schwierig, denn es ist schon schwierig genug für das Pferd – es muss nicht noch schwieriger werden. Mache das falsche Verhalten weniger stressig, dann kann das Pferd leichter aus der Situation herauskommen.

Mark Rashid

Stellen wir uns einmal vor, dass wir ein junges Fohlen zum ersten Mal am Halfter haben. Wäre es nicht grotesk, dem jungen Tier eine Kette über die Nase zu legen oder ein Halfter mit Würgeeffekt (ein sich zusammenziehendes Halfter) oder eines mit Hebeln anzuziehen? Eine „Fohlenhackamore" ist ja zum Glück noch nicht erfunden worden.

Ist es nicht reine Logik, dass ein Lebewesen sich umso mehr widersetzt, je unangenehmer der Druck ist, der ausgeübt wird? Dann wird auch klar, warum ein vermeintlicher Gehorsam durch verschärften Druck eher dazu führen wird, dass das Pferd resigniert, als dass es die Übung wirklich versteht. Wenn es erst einmal die Hoffnung aufgegeben hat, gehört zu werden, wird es vielleicht eine Zeit lang funktionieren, aber nicht sein volles Potenzial erreichen können. Oft bricht diese Illusion einer Kommunikation zu irgendeinem Zeitpunkt zusammen.

Was bedeutet das konkret?

- Wenn dein Pferd nicht auf die Signale am Sidepull reagiert, musst du keine mechanische Hackamore auflegen.
- Wenn dein Pferd nicht auf das Stallhalfter reagiert, musst du kein Knotenhalfter verwenden und keine Kette über oder unter den Kopf legen.
- Wenn dein Pferd auf die gebisslose Zäumung nicht reagiert, musst du keine extralangen Hebel anschrauben.
- Wenn du dein Pferd ohne Gebiss nicht anhalten kannst, musst du kein Gebiss gebrauchen.
- Wenn du dein Pferd mit Gebiss nicht anhalten kannst, musst du kein schärferes Gebiss kaufen.

Gebisse, Hebelzäumungen, Ketten und Knotenhalfter gehören in die geübte Hand und können durchaus mit Erfolg und ohne dem Pferd zu schaden angewendet werden. Ein Problem entsteht, wenn diese Werkzeuge durch Unwissenheit oder Ignoranz dort als Zwangsmittel dienen, wo in Wirklichkeit ein Mangel an Training vorliegt. Die einzig dauerhafte Lösung ist, Zeit in das Training von Pferd und Reiter zu investieren. Wenn es nicht funktioniert – höre auf; denke nach. Gehe einen Schritt nach dem anderen zurück in deinem Training – zum Beispiel schaue noch einmal eure verschiedenen Führpositionen durch, mache ein paar Basisübungen. Gehe zurück zu einer Übung, die funktioniert.

Ich empfehle allen Reitern, ab und zu mal nur am Boden mit einem Stallhalfter zu trainieren. Wenn das nicht gut funktioniert, dann bitte einmal am Kopf kratzen, tief Luft holen und – wie einer meiner Aikido-Trainer zu sagen pflegte – noch ein bisschen üben!

Sanfte Kommunikation

Ich fände es gerecht, wenn die Hand des Reiters erst einmal den gleichen Druck spüren könnte wie das Pferd auf der Nase oder im Mund. Alle Reiter sollten wenigstens einmal erleben, wie es sich anfühlt, mit einer rauen, dünnen Heuschnur statt Zügeln in den Händen zu reiten. Denn mancherorts werden die Zügel immer komfortabler und die Hände durch Handschuhe geschont, während gleichzeitig massenweise Zäumungen – auch gebisslose – mit Kontrollmöglichkeiten konstruiert werden, die dem Reiter helfen sollen, sich durchzusetzen. Und trotzdem steht dann

da auf der Verpackung: „Für Reiter, die mit ihrem Pferd auf sanfte Art und Weise kommunizieren möchten."

Wir kommunizieren aber nicht automatisch sanft, weil wir irgendeine Zäumung gekauft haben, sondern erst, wenn wir beharrlich und unaufhörlich die Sanftheit in uns selbst kultivieren und den Entschluss getroffen haben, dem Pferd zuzuhören und ihm seine eigene Meinung zuzugestehen.

> Nicht wer sich durchsetzt, sondern wer sich einfühlt wird ein Freund in der Pferdewelt.
>
> *Imke Spilker*

Nach meinen Beobachtungen werden Pferde von einer freundlichen Ansprache angezogen und von Menschen, die sanft vorgehen, ohne energielos oder schwach zu wirken. Damit ist nicht gesagt, dass das Pferd die komplette Tagesordnung bestimmen sollte. Denn wir können vorausschauender handeln und von daher Aktionen und Abläufe sinnvoll planen. Dann ist es wichtig, dem Pferd unterstützend und in Freundschaft den Plan schmackhaft zu machen, es zu motivieren und zu bestärken. Ein guter Pferdetrainer kann durchaus auch deutliche Grenzen setzen, ohne wütend oder brutal zu werden und ohne das Pferd zu ängstigen.

Wir können in einer Trainingssituation entweder freundlich insistieren, eine leichtere Variante der gleichen Übung wählen oder aufhören und etwas anderes machen. Nur durch Erfahrung und beständiges Hinhören, Hinsehen, Hineinfühlen werden wir besser darin, die optimale Lösung für das Pferd und die Situation zu finden.

Freundlichkeit fühlt sich gut an.

Was kannst du für dein Pferd tun?

Ich sage oft zu meinen Schülern, dass sie sich fragen sollten, was ihr Pferd davon hat, dass es seinen Menschen gibt – und nicht umgekehrt. Unser Trainingsplan sollte bestimmt werden von den Fragen: Was macht mein Pferd gern? Welche Übungen sind wichtig für seinen Körper? Wo liegt die individuelle physische, mentale und emotionale Leistungsgrenze meines Pferdes heute?

Mein Ziel ist es, Sanftheit, Geschmeidigkeit und Stärke in Pferd und Reiter zu vereinen, während wir alle zusammen Spaß haben können. Schwierige oder anstrengende Übungen werden immer im Wechsel mit einfachen und langsamen Übungen im Wechsel mit schnellen Lektionen angeboten.

Wenn wir Situationen und Ereignisse aus der Sicht der Pferde sehen, mit jedem Pferd als Individuum arbeiten und ihm Zeit lassen, bekommt das Pferd Freude an der Arbeit und lädt den Menschen regelrecht zur Zusammenarbeit ein.

Erfahrungs- und Trainingsberichte: Fragen und Antworten

Im Folgenden habe ich ein paar Beispiele aus meinen persönlichen Erfahrungen aufgelistet – Trainingssituationen und Pferde, die mir viel beigebracht haben.

Was tun, wenn mein Pferd mit Gebiss gestresst reagiert?

 Beispiel: Aramis, der Vollblüter – sensibel und nervös

Der zwölfjährige Vollblutmix-Wallach Aramis, etwas nervös und sehr sensibel, hatte schon immer Probleme mit dem Gebiss. Da Druck auf dem Zügel für ihn oft mit stressvollen Situationen verbunden war, zeigte er ein Muster von verschiedenen Stressreaktionen wie Anspannen von Hals und Rücken, Aufsperren des Mauls und manchmal auch Kopfschlagen als Abwehrreaktion. Die Besitzerin wollte sehr gern gebisslos reiten, war sich aber nicht sicher, ob das Pferd damit im Gelände zu kontrollieren sei.

Meine Idee war, dem Pferd einen neuen Ausgangspunkt zu geben, in stressfreiem Milieu und durch Signale, die nicht durch unangenehme Erfahrungen belastet sind. In unserer Arbeit trainierten wir Aramis gründlich vom Boden aus in verschiedenen Führpositionen, über Hindernisse und in allen Gangarten. Ein großer Teil der Arbeit war, immer wieder die Ruhe und Entspannung zu fördern, wenn er sich über etwas aufregte. Dazu forderten wir ihn auf, sich am Seil auf ein weiches Zeichen hin vorwärts-abwärts zu strecken, den Hals fallen zu lassen, und kraulten ihn am Widerrist.

Die ruhige Atmung der Besitzerin und das Pause-halten-Können – von Mensch und Pferd mussten auch geübt werden. Wir sprachen viel über den Einfluss, den unsere Atmung, unser Fokus und die inneren Bilder auf unser Pferd haben. Und wir übten, bewusst zu lächeln, zu atmen und positive Bilder zu sehen – das bedeutet ein Bild dessen, was wir haben möchten.

Nach ein paar Wochen, als alle Übungen vom Boden aus sehr gut funktionierten und Aramis gelassen auf die Zügelsignale am Halfter reagieren konnte, setzten wir unser Training vom Sattel aus fort – zuerst unterstützt von mir am Boden, danach frei und nach und nach in allen Gangarten. Erst als diese Übungen stabil verankert waren, gingen wir mit einem sicheren Führpferd an der Seite ins Gelände. Hier versuchten wir zuerst, die Trense mit einem Extrapaar Zügel unter dem Halfter zu lassen, als „Sicherheitsnetz". Es zeigte sich aber, dass das nicht nötig war, und schon nach drei Ausritten lief Aramis entspannt und zufrieden am Halfter. Es entstanden sogar weniger Stressmomente, da wir auf diese Art und Weise den früheren Stressfaktor Gebiss weglassen konnten.

Was tun, wenn mein Pferd nicht auf den Zügel reagieren „will"?

 Beispiel: Saphir, der Irish Cob, oder das missverstandene Verhalten

Saphir kam vierjährig und relativ roh zu mir – als Trainingspferd. Ich hatte eigentlich nicht den Wunsch, einen Irish Cob als eigenes Pferd zu haben. Saphir jedoch eroberte mein Herz im Sturm, und schon nach zwei Wochen konnte ich ihn nicht mehr von uns wegdenken.

Er war am Anfang sehr bekümmert über Bewegungen und Geräusche von hinten – so sehr, dass sogar das Geräusch einer Bürste in den Schweifhaaren Unbehagen hervorrufen konnte. Seine Lösung in brenzligen Situationen war, sich stocksteif anzuspannen und zu erstarren. Sein Stressniveau war am Anfang generell ziemlich hoch und er hatte vor vielen Dingen, denen wir begegneten, Angst. Saphir ist kein besonders mit Futter zu motivierendes Pferd. Er nimmt Belohnungen immer sehr höflich an, lehnt sie aber ab, wenn die Situation zu stressvoll ist.

In der ersten Phase des Trainings war er absolut fantastisch, immer bereit mitzumachen und ganz weich. Ich war sehr darauf bedacht, ihn nicht zu überfordern, und ging in kleinen und kleinsten Schritten stetig voran. Er machte Quantensprünge in seiner Entwicklung zum Reitpferd. Seine Grundausbildung absolvierte er am Schnurhalfter und damit habe ich ihn auch eingeritten.

Das missverstandene Verhalten

Saphirs größte Herausforderung war (und ist) seine rassebedingte Vorderlastigkeit. Beim Einreiten zeigte sich dies als Hindernis für die Lenkung und die Geschwindigkeitsregulierung innerhalb der verschiedenen Gangarten – besonders im Trab und Galopp. Ich hatte einige Auseinandersetzungen mit ihm, bis mir endlich ganz bewusst wurde, dass er eben nicht aus Widersetzlichkeit gegen den Zügel ging, sondern aufgrund von mangelnder Balance. Ich hatte sein Verhalten missverstanden und missinterpretiert und mit mehr Druck reagiert, was ihn wiederum dazu brachte, sich entweder mehr zu verspannen oder sich verstärkt auf den Zügel zu legen – ein Teufelskreis!

Saphir war bestimmt erleichtert, als bei mir endlich der Groschen fiel und ich anfing, anstatt

Irish Cob Saphir im Trab.

am Zügel zu zerren zielgerichtet seine Balance zu verbessern. Es dauerte eineinhalb Jahre, bis ich ihn in Balance im Wald geradeaus traben konnte, ohne dass er sich, immer schneller werdend, auf den Zügel stützte. Dazu hatte ich viele verschiedene Übungen benutzt und im Besonderen folgende:

Quadratische Zirkel

Vom Boden aus trainierten wir fleißig, die Vorhand um die Hinterhand herumgehen zu lassen: nicht viele Schritte, maximal eine Vierteldrehung. Um es ihm leichter zu machen, das Gewicht auf die Hinterhand zu verschieben, ließ ich ihn dazu einen kleinen Schritt rückwärtstreten und dann sofort zur Seite. Das half ihm viel mit seiner Balance.

Dann ging ich mit ihm in der ersten Führposition (siehe Seite 66 f.) und ließ ihn immer wieder von mir weg im rechten Winkel mit der Schulter herumtreten. Dadurch bewegten wir uns jetzt auf einem quadratischen Zirkel.

Vom Sattel aus ritt ich dann abwechselnd geradeaus und im rechten Winkel abbiegend nach innen. Am Anfang hielt ich ihn an, wenn er mit der Schulter nach innen oder außen fiel, und wiederholte die Bewegung, die er vom Boden aus gelernt hatte: rückwärtstreten und gleich darauf die Schulter bewegen. Nach und nach konnten wir diese Übung im Schritt bewältigen, ich konnte seine Schulter zwischen den Zügeln kontrollieren und ihm so helfen, sich optimal mit Reitergewicht auf dem Rücken auszubalancieren.

Anhalten und fast anhalten

Ein häufiges Anhalten und ganz kurzes Rückwärtsrichten von vielleicht ein bis zwei Schritten oder einfach nur ein Rückwärtsschaukeln hat uns auch viel geholfen.

Nach einiger Zeit war es dann nicht mehr nötig, ganz anzuhalten – wir hielten nur noch „fast" an. Dabei organisierte Saphir sich, bereitete sich vor, wurde aufmerksam und nahm sein Gewicht ein wenig mehr in Richtung Hinterhand. Wenn das geschah, dann vermittelte ich ihm ein „Vielen Dank – das war schon alles" und ritt weiter.

Es dauerte eine ganze Weile, bis wir das gleiche Resultat im Trab und später auch im Galopp erreicht hatten – aber es glückte uns schließlich, und die Belohnung der langen Geduldsarbeit waren und sind tolle entspannte Ausritte, wo Saphir am losen Zügel im Trab und Galopp sein Tempo halten kann, ohne „auf die Nase zu fallen".

Meine Einsicht

Dieser Prozess hat mir viel beigebracht und mir wieder mal eine Einsicht geschenkt und bestätigt: Das Pferd arbeitet in der Regel so gut es kann, je nach Körperbau und Talent, besonders aber abhängig davon, was wir ihm schon – oder eben noch nicht – beigebracht haben. Dies ist ebenso abhängig von unseren eigenen Gedanken und Bildern oder Spannungen, die wir häufig eins zu eins auf das Pferd übertragen. Egal was und wie – es ist nie angebracht, sich über das Pferd zu ärgern. Wir könnten uns genauso gut, wie Freddy Knie es so schön ausdrückte, über unser eigenes Spiegelbild ärgern.

Im weiteren Prozess mit Saphir haben wir auch das Reiten mit Halsring trainiert. Anfänglich unterstützte ich die Signale am Halsring durch Hilfen am Halfter zum Anhalten und das seitliche Weichenlassen durch ein Gerten- oder Sticksignal an Hals und Schulter – schließlich ohne Halfter, doch noch mithilfe einer Gerte.

Später kam eine einfache Trense hinzu und ein Kappzaum vom Boden aus, der mir die Möglichkeit gab, an präziser Stellung und Biegung zu arbeiten. Zuletzt habe ich ihn an eine Kandare gewöhnt, mit der ich ihn manchmal einhändig an leichtem Zügel reite und mit der er ganz zufrieden geht. Mit der Cavemore kann ich ihn ebenso gebisslos und einhändig reiten. Heutzutage kann ich ihn überall gebisslos reiten. Auch meine Tochter Kim, die mit ihm auf dem Titelbild so fröhlich am Strand entlanggaloppiert, kann ihn ohne Probleme kontrollieren, und manchmal geht er auch mit Schülern – und dann immer konsequent gebisslos.

Was tun, wenn ich mein Pferd nicht anhalten kann?

 Beispiel: Das Schlachtpferd oder wenn das Gebiss ein Teil des Problems ist

Der zwölfjährige Schimmelwallach Thunder, ein Hispano-Araber, kam zu mir als Schlachtpferd. Die vorherigen Besitzer waren am Ende ihrer Möglichkeiten angelangt und konnten ihm nicht weiterhelfen.

Pferd ohne Bremse

Seine Beschreibung lautete folgendermaßen: „Thunder hat keine Bremse, das heißt, es ist ausgeschlossen, ihn unter dem Sattel zu stoppen, ohne ihn gegen eine Wand zu reiten. Wir haben die größte Sammlung von verschiedenen Gebissen ausprobiert – alle ohne Wirkung. Er kann nicht angebunden stehen, zerreißt Seile und Halfter und kann nicht verladen werden. Thunder wirft sich zu Boden und regt sich sehr auf, wenn andere Pferde von ihm weggeführt werden. Er kann in keiner Box stehen und hat einen

großen Teil des Stalls zerstört, als er versuchte auszubrechen. Wir haben Hilfe bei verschiedenen professionellen Trainern, Chiropraktikern, Tierärzten und Verhaltenstherapeuten gesucht, aber keiner konnte Thunders Probleme lösen."

Neuer Name

Eines der ersten Dinge, die ich tat, war, ihn umzubenennen: ein Name, der ihm gerecht werden sollte – ein Name, der seinen Weg vorzeigen würde: Phönix! Wiedergeboren aus seiner eigenen Asche steht der Vogel Phönix aus der griechischen Mythologie als Symbol für Neuanfang und später, in der Antike, als Symbol der Unsterblichkeit.

Neuer Anfang

Wir werden ihm kein Gebiss anziehen, da seine Erfahrungen mit dem Gebiss so negativ belegt sind. Solange er angespannt, gestresst oder frustriert auf den Zügel reagiert, wird er konsequent gebisslos geritten werden – und dann werden wir weitersehen.

Die Anfänge am Boden beinhalteten ruhige Übungen am Schnurhalfter, viele freundliche Berührungen und Biegen und Senken des Halses. Nach ungefähr einer Woche konnte meine Praktikantin auf ihm sitzen und nur üben, den Hals zu senken. Die ersten Erfolge zeigten sich schnell: In der zweiten Woche konnten wir schon unter dem Reiter Schritt und Trab gehen – in einem Roundpen, der für das Pferd eine überschaubare Begrenzung darstellte und uns half, nicht am Zügel ziehen zu müssen.

Unsere Ausrüstung war ein Knotenhalfter mit langem Strick. Die ersten vier Wochen ritten wir nur mit einem Zügel und ließen ihn dabei in einer immer kleiner werdenden Volte zum Stehen kommen. Danach ritt ich ihn mit zwei Zügeln, aber immer noch am Schnurhalfter. Wir konnten jetzt auf dem Platz Schritt und Trab reiten und anhalten.

Neue Signale

Die Signale am Schnurhalfter sind deutliche, große, weiche Bewegungen zur Seite zum Lenken. Ein Anheben der Zügel hebt den Knoten und eventuell den Karabiner unter dem Pferdekinn an und kreiert dadurch Druck auf der Nase. Diese Signale waren bewusst gewählt, da sie sich deutlich von denen unterschieden, die (mit Gebiss und kurzen, angezogenen Zügeln) nicht (mehr) funktionierten.

Wenn ihm das langsame Gehen schwerfiel, dann ritten wir in Zirkeln um eine Tonne, die in der Mitte der Bahn stand. Langsam machte ich den Zirkel dann kleiner, bis er sein Tempo herunterschraubte. Anschließend machte ich den Zirkel wieder größer – auch langsam und behutsam. Dadurch konnte ich sein Tempo regulieren, ohne das Signal zu benutzen, das in seinem früheren Leben nie funktionierte: an beiden Zügeln gleichzeitig nach hinten ziehen. An manchen Tagen konnte er dann langsam, erst momentweise, dann immer stabiler, den gleichzeitigen Druck am Zügel verstehen und begann, auf leichte Signale zu antworten.

Phönix war sehr sensibel und lernte schnell. Sein weiteres Training umfasste Verladetraining, Ausflüge an den Strand, kleine Ausritte – erst als Handpferd, dann neben einem Führpferd mit Reiter. Nach nur zwei Monaten konnten wir ihn am Strand reiten. Das Trainingsproblem hatte auf gegenseitigen Missverständnissen basiert.

Phönix zum ersten Mal mit Reiter auf der Reitbahn. (Foto: privat)

Daher konnten wir ihm glücklicherweise so schnell weiterhelfen.

Phönix blieb bei mir und konnte zuletzt mit einer Schnur um den Hals geritten werden. Er war sogar mit mir auf zwei größeren Messen, als Showpferd, was er mit Bravour meisterte. Leider erkrankte er zwei Jahre später an Krebs und musste eingeschläfert werden. Er hat mir so viel beigebracht, und er lebt weiter in meinem Herzen.

Was tun, wenn mein Pferd meine Signale scheinbar komplett ignoriert?

 Beispiel: Mushu, der Friese

Unser Ziel ist es, den jungen Friesen Mushu so auszubilden, dass er später gebisslos überall geritten werden kann.

Von Anfang an

Unsere erste Herausforderung war, dass Mushu sich nicht wirklich beeindrucken ließ – egal, was wir anstellten. Zügel- und Gertensignale sagten ihm nicht viel. Stand man vor ihm, konnte er über einen hinwegsehen und losgehen. Ihn dann zu stoppen, war fast unmöglich. Umgekehrt war er schwer zu führen, da er entweder nicht vorwärtsgehen wollte und alle Versuche von unserer Seite, Druck oder Signale am Zügel zu verwenden, schlichtweg ignorierte oder aber vorwärts-seitwärts mit seiner Schulter in uns hineinsteuerte.

Alles in allem zeigte er ein ganz normales Jungpferdeverhalten eines untrainierten Pferdes – hier nur gepaart mit 600 Kilogramm Körpergewicht, einem hohen Hals, eminentem Stehvermögen und unbeeindruckter Beharrlichkeit. Wir konnten ihn einigermaßen von A nach B bewegen, und wenn wir nicht gerade hier und jetzt

Lena versucht, Mushu auf Abstand zu halten.

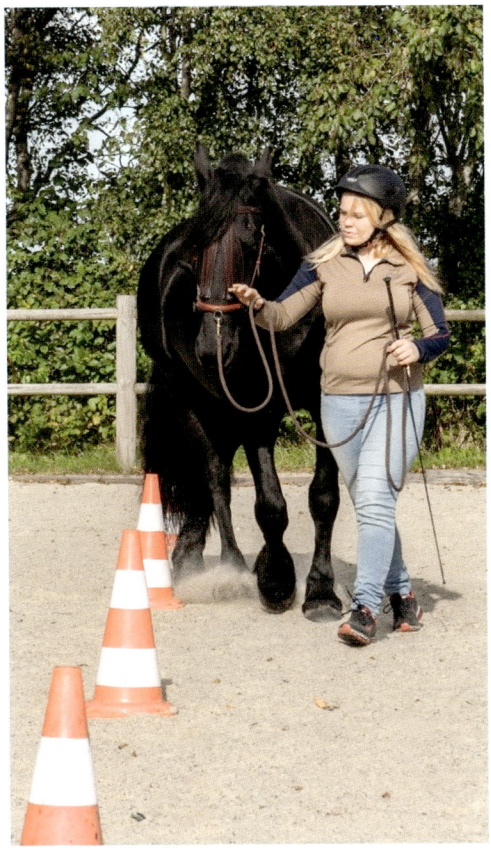

Lena lenkt Mushu durch einen Slalom.

schnell eine Reaktion von ihm wollten, funktionierte eigentlich alles am besten.

Der Durchbruch

Der Durchbruch kam, als wir eine Lösung finden mussten, um Mushu vom Ausgang des Offenstalls wegzuhalten und ihm beizubringen, nicht rauszugehen, auch wenn das Tor kurz offen stand. Da alle unsere Versuche, mit Armen, Stricken oder Gerten zu wedeln oder zu touchieren, nur einen sehr geringen Effekt hatten, beschlossen wir, ihn mit positiver Verstärkung zu motivieren und für eine entgegengesetzte Bewegung,

nämlich rückwärts, zu belohnen. Alle, die im Stall waren, wurden in diesen Prozess eingeweiht. Wir wollten versuchen, ein neues Standardverhalten zu kreieren und zu trainieren, das sein eigenes, instinktives und unerwünschtes Verhalten durch ein brauchbares positives Verhalten „überschreiben" könnte.

Sein eigenes Standardverhalten war, sich sofort durch alle Öffnungen durchzuquetschen, egal, ob da, zufällig oder absichtlich, ein Mensch stand oder nicht. Wir beobachteten ihn hinter dem geschlossenen Tor, über das er leicht hinübersehen konnte – das Tor ist nur circa 130 Zentimeter hoch. Sobald er die kleinste Rückwärtsbewegung initiierte, markierten wir diese Bewegung mithilfe eines Clickers und gaben ihm ein Leckerli. Das resultierte erst einmal in kraftvollen Versuchen, das Tor einzudrücken, um dichter an das Futter kommen zu können. Wenn du das also mit deinem Pferd versuchen möchtest, muss die Abtrennung stabil genug sein!

Nach einigen geglückten Versuchen, bei denen er die Markierung durch den Clicker und die darauffolgende Belohnung in Zusammenhang mit dem Rückwärtsgehen gebracht hatte, begann er nach und nach am Ausgang anzuhalten und nachzudenken. Manchmal ging er dann ganz von selbst einen kleinen Schritt rückwärts, was wir immer verstärkten: Hatten wir gerade keine Leckerlis griffbereit, dann lobten und kraulten wir ihn ausgiebig. Bald begann er seinen neuen Trick in anderen Situationen auszuprobieren. Er war ansonsten beim Pferdeäpfel-Absammeln nicht nur dicht dabei, sondern hatte sich auch oft zwischen uns und den Schubkarren geschoben, dabei diesen ab und zu umgekippt, um sich daraufhin ein paar Schritte wegjagen zu lassen, umzudrehen und das Ganze zu wiederholen.

Kurz gesagt versuchte er alles, um unsere Aufmerksamkeit zu bekommen. Als er dann erlebte, dass er viel mehr Aufmerksamkeit für das neue positive Verhalten bekam, zeigte er es immer schneller, und oft sehen wir ihn heute mit gespitzten Ohren, uns anvisierend, langsam und bedeutungsvoll (so scheint es uns) rückwärtstreten.

STANDARDVERHALTEN

Ein Standardverhalten ist eine Handlung oder ein Verhalten, das für das Pferd eine so hohe Belohnungshistorik hat, dass es diese Handlungsweise in vielen Situationen von sich aus anbietet. Der Vorteil davon ist zusätzlich, dass diese Verhaltensweise auch in stressvollen Situationen umgesetzt werden kann. Ein Standardverhalten kann natürlich auch etwas sein, was für das Pferd bisher gut funktioniert hat – in unserem Beispiel das Schubsen und Drängeln, das Mushu Aufmerksamkeit verschafft hatte und ihn manchmal durch die Tür kommen ließ. Es kann auch ein Kopfschlagen oder Ziehen am Zügel sein, das dazu führt, dass der Zügel kurzzeitig locker wird. Hier gibt es viele Möglichkeiten, ein besseres, erwünschtes Verhalten zu „programmieren" – ganz ohne harte Signale oder Hilfen, die wie eine Strafe wirken.

Hals senken
Lena, die Besitzerin, bekam regelmäßig Unterricht. Wir gingen schrittweise durch die Führpositionen (siehe Seite 66 ff.) und fokussierten besonders auf Mushus Halsposition, da er immer, wenn er etwas nicht verstand, seinen Hals

ganz hoch nahm und anspannte. Da mussten wir oft die Übung abbrechen und ihn langsam und geduldig dazu bringen, den Hals wieder fallen zu lassen. Eine gute Hilfe dazu war, ihn mit der Gerte leicht von unten zwischen den Vorderbeinen anzutippen – dabei fiel es im leichter, das Brustbein etwas anzuheben und den Hals schön zu senken.

Wir starteten mit einem Schnurhalfter für die ersten Basisübungen und wechselten später zu einem Caveçon. Die fahrenden Positionen von hinten verstand er sehr schnell, und hier

Hoher Hals und ein bisschen unsicher.

So ist es besser.

war es auch viel einfacher, ihn in Gang zu setzen. Lena ging mit ihm am langen Zügel auf viele Spaziergänge im Wald. Auch viele verschiedene Formen von Agilityhindernissen bewältigten die beiden spielend miteinander – meiner Meinung nach ist dies eine sehr gute Möglichkeit, um Aufmerksamkeit, Balance und Körperbewusstsein zu trainieren.

Gewöhnung an den Reiter

Die Gewöhnung an ein Barebackpad ging schnell – er reagierte nicht besonders darauf. Dann kam der Tag, an dem Lena, nachdem sie Mushu beigebracht hatte „einzuparken", sich auf seinen Rücken setzte. Alles ging gut und wir begannen, mit Lena als Passagier ein paar Schritte zu gehen:

Mushu hat hier einen Kappzaum an, ein Caveçon, wobei ich einen Führzügel im mittleren Ring habe und Lena ihre Zügel in den zwei seitlichen Ringen. Damit ging der Übergang von den Signalen vom Boden aus zu den Reiterhilfen leichter für ihn, da ich immer vom Boden aus helfen konnte, wenn er etwas nicht verstand.

Da Mushu rassebedingte Herausforderungen mit seinem Gleichgewicht hatte und die Tendenz, das Brustbein sinken zu lassen, den Hals anzuheben und über die Schulter zu gehen, unterstützten wir zuerst beim Reiten das Zügelsignal mit einem visuellen Signal mit der Gerte neben der Pferdenase. Dies war eine Hilfe für ihn, die ein zu starkes Ziehen am Zügel vermeiden konnte.

Der geübte Slalom um die Kegel vom Boden aus wird erst mit Führer, dann allein geritten ausgeführt. Besonders wichtig war auch hier, ihn oft daran zu erinnern, den Hals zu entspannen, was einen großen Einfluss auf den mentalen Zustand hat. Ein entspanntes Pferd lernt schneller und fühlt sich besser im Training.

Eine kleine Schrittrunde ist schon drin.

Geglücktes Training

Heute ist Mushu viereinhalb Jahre alt und hat seine ersten kurzen Schrittausritte mit Reiter mit Bravour hinter sich gebracht. Er ist zu 95 Prozent total cool, und erschrickt er einmal vor etwas, dann hat er mithilfe des Clickertrainings gelernt, dicht an das Objekt heranzugehen und es, wenn möglich, mit der Nase zu berühren. Dafür hat er im Lauf des Agilitytrainings oft „Clicks" und Leckerlis bekommen und ist von daher sehr motiviert, Dinge zu untersuchen.

Meiner Meinung nach war die initiale positive Verstärkung der Rückwärtsbewegung ein ausschlaggebender Wendepunkt in Mushus Training. Seine Balance und Beweglichkeit wurden deutlich besser und er zeigte auch mehr mentale Flexibilität in anderen Trainingssituationen. Leichtigkeit und Response am Zügel konnten danach auch weiterhin positiv verstärkt werden, was ein Kräftemessen am Zügel verhindern konnte.

Unbegrenzte Möglichkeiten – Sarah mit ihrer Dänischen Warmblutstute Søster am Nordseestrand. (Foto: Malene Dam)

Gibt es traditionelle Turnierreiter, die gebisslos reiten?

 Beispiel: Military und gebisslos?

Meine Kollegin, Sarah Gerding, Reitlehrerin und Trainerin, begann ihre Karriere als Spring- und Militaryreiterin und startete auch bei den dänischen Meisterschaften in Military. Als sie eines Tages ein Pferd traf, bei dem ihre altbewährten Methoden nicht halfen, begann sie in alternativen Richtungen Rat zu suchen. Heute reitet Sarah immer noch Turniere – nur auf andere Art und Weise.

Am Stallhalfter

Sarah reitet alle ihre Pferde am Stallhalfter ein und stellt sie danach langsam um auf Trense. Alle Pferde gehen weiterhin öfter mal mit Halfter ins Gelände und können sowohl am Strand als auch auf einer Springbahn problemlos am Stallhalfter geritten werden.

Ihre Devise lautet: Alles zu seiner Zeit. Das Einreiten am Stallhalfter stellt sicher, dass das Pferd nicht mit neuen Eindrücken überbelastet wird.

Wenn das Grundreiten am Halfter gut funktioniert, gewöhnt sie ihre Pferde an eine Trense – und reitet dann meist ganz ohne Sperrhalfter.

Ohne Nasenriemen

Sarah sagt selbst Folgendes über ihren Ausgangspunkt beim weiteren Training ihrer Pferde: „Ich habe mich dafür entschieden, ohne Nasenriemen zu reiten, und das hat verschiedene Gründe: Zum Ersten können Situationen im Training entstehen, bei denen ich härter als gewollt den Zügel annehme und das Pferd deswegen das Maul öffnet. Dies erlaubt dem Pferd, die Laden zu entlasten, und zeigt mir, dass ich zu viel Druck auf dem Zügel habe, beides ist wichtig für mich. Zum Zweiten würde mein Pferd zuerst Druck im Maul spüren, und danach, wenn es versuchte, dem unangenehmen Druck auszuweichen, würde es einem neuen Druck begegnen – dem vom Nasenriemen. Später gewöhne ich alle meine Pferde an ein Sperrhalfter, für den Fall, dass ich gern an einem Dressurturnier teilnehmen möchte. Ich wähle dann immer ein englisches Reithalfter (das liegt weiter oben auf dem Nasenrücken und behindert die Atmung nicht – Anmerkung der Verfasserin) und ich verschnalle es mit sehr viel Platz, mehr als die vorgeschriebenen zwei Finger. Das bedeutet: Erst wenn mein Pferd ohne Reithalfter das Maul nicht mehr öffnet und auf leichte Signale reagiert, gewöhne ich es daran, einen Extrariemen zu (er)tragen."

Trotz traditionellem Hintergrund

Sarah ist ein weiteres Beispiel dafür, dass die Reitdisziplin nicht den Ausschlag geben muss – sondern einfach nur eine logische, vernünftige Einstellung, die keine Möglichkeiten ausschließt, sondern neue erschafft. Ihre konsequente Haltung zum Reithalfter ist erfrischend – wird es doch generell genau andersherum betrieben: Das Pferd soll lernen, „die Klappe zu halten", und wird deswegen zugeschnürt. Im besten Fall wird das Sperrhalfter gelöst oder abgenommen, wenn das Pferd aufgegeben hat zu versuchen, den Mund zu öffnen. In den meisten Fällen wird jedoch leider einfach weitergeritten – denn jetzt funktioniert es ja – und die Sperrhalfter sind oft zum Zerreißen gespannt, selbst bei den Profis auf hohem Niveau. Dies wiederum resultierte in der Erfindung des Nasenriemens mit „Rückzug", bei dem wir ein Flaschenzugprinzip benutzen, um den Riemen leichter (für uns) enger (fürs Pferd) zuziehen zu können. Obgleich sie einen traditionellen Hintergrund hatte, war Sarah in der Lage, die Vorteile der langsamen, gründlichen und freundlichen Ausbildung am Boden und des gebisslosen Reitens zu erkennen und mit großem Erfolg in ihr Training zu integrieren.

VERSICHERUNG PRÜFEN

Wer auf Nummer sicher gehen möchte, sollte nachfragen, was die eigene Haftpflichtversicherung für Regeln hat bezüglich Ausreiten ohne Gebiss. Die meisten Versicherungen haben dies inzwischen miteingeschlossen – wie auch das Reiten ohne Sattel. Am besten ist es aber, die Versicherungsgesellschaft zu kontaktieren und die Bedingungen schwarz auf weiß zu sehen.

Auf dem Springturnier: Sarah und Søster starten ohne Reithalfter. (Foto: Malene Dam)

Resümee/
Hilfreiche Links